企業博物館とは何か

歴史・役割・可能性

古田ゆかり
FURUTA YUKARI

青弓社

企業博物館とは何か 歴史・役割・可能性 **目次**

装丁──北田雄一郎

はじめに

　女の子は、自分で紡いだ糸をボビンに巻き取って帰っていった。帰り際、こちらを振り返って手を振る表情が満足そうだった。

　その日私は、都内にある子どもの体験施設で「綿<ruby>綿<rt>わた</rt></ruby>から糸を作ってみよう」というワークショップを終えたところだった。繊維から糸ができる仕組みや糸を紡ぐために発明された機械、明治時代に繊維産業が発達したことでたくさんの人がいろいろな衣服を着ることができるようになった時代の流れなど、「糸」を糸口に技術や歴史にふれる内容だ。工作あり、お話あり、子ども同士で体を使った体験ありで、江戸時代から現在につながる繊維と衣服を題材に技術と生活の関わりを考える時間になっている。

　糸紡ぎが可能になった当時の機械を再現した手作りキットが好評だった。小学校3年生から5年生の児童と保護者が参加し、プーリー（滑車）を回して糸を紡いでいく。自分で紡いだ糸はキットの上部に装着してあるボビンに巻き取る。このボビンはおみやげに持って帰ることができる。女の子は、ボビンがいっぱいになるまで糸を作ってうれしそうだった。

　このキットは、「ガラ紡機」という紡績機械を再現したものである。正式には、「臥雲式紡績機<ruby>臥雲式紡績機<rt>がうんしきぼうせきき</rt></ruby>」と呼ばれるもので、明治の始めごろに臥雲辰致<ruby>臥雲辰致<rt>がうんたっち</rt></ruby>（たつむね、ときむねと読むこともある）というお坊さんが発明した。当時、ヨーロッパから近代的な紡績機械がわずかに輸入されてはいたが、それらは鉄製で大型、動かすために大きな動力が必要だった。それに対してガラ紡機は、少ない動力で糸の撚りと巻き取りができ、撚りの強さの調節には重力を使うという簡便な機構だ。1877年に東京・上野で開かれた第1回内国勧業博覧会に出品され、「本会第一の好発明」と評され全国に知れ渡ったものだった。機構が簡単なため広く普及し、多くの人がこの機械を使って糸を作った。日本の工業化を象徴する機械の1つである。

　さて、そのころ私は仲間たちと、科学や技術と社会や暮らしの関係について考えるグループを作って活動していた。冒頭のようなワークショップ活動を通して、生活のなかで科学や技術を学び、その経験を通して自分たちの生

活を理解したり形作ったりする場とプログラムを作っていた。子どもにかぎらず、大学生や成人向けの社会と科学について考えるプログラムの開発にも取り組んでいた。

　開発するプログラムのヒントはたくさんある。何しろ科学技術の要素を含む社会的な課題が山積しているのだから。ニュースや科学技術の課題を検討し、ニュースだけでは気づきにくい歴史的な技術や社会の変化などの情報を求めて博物館や科学館に足を運んでいた。

　前述のガラ紡機に出合ったのは、トヨタ産業技術記念館（愛知県名古屋市）だった。今日のトヨタが織機から始まったということはよく知られている。かつて工場だったレンガ造りの建物が、現在はトヨタ産業技術記念館になっている。トヨタグループの創始者である豊田喜一郎の父・豊田佐吉が織機開発に取り組んだ歴史はもちろんのこと、繊維や織物の手工業の時代からの流れがきめ細かく展示され、繊維・織物業の技術の流れが理解できる。繊維から糸を紡ぎ織物にするという製造工程と繊維・織物加工技術の歴史の変遷の展示は実に丁寧でわかりやすい。しかも、そこではトヨタ社員やそのOBの解説を聞くことができる。多くの機械が動態保存され、実際に動く様子が見られる展示も魅力的だ。

　ガラ紡機も動態展示で、「日本の独創的技術　ガラ紡機」とパネルで紹介されていた。歯車が回ってクランクが動き、部品がぶつかり合う音が響く。歯車の音、綿を詰めた筒が上下する音が相まってガラガラと鳴ることからガラ紡機と呼ばれたのだという。

　ここで糸がどのようにできているのか、簡単に確認しておこう。糸は、細い繊維を何本も撚り合わせて作られている。この撚りをかけるのが紡績であり、そのための機械が紡績機だ。繊維の量と撚りの強さによって糸の太さや強度が決まる。撚りは一定であることが望ましいが、そのためには繊維の量や回転の速度を一定の加減に調節することが必要だ。手紡ぎの時代は、糸紡ぎ棒の回転と糸の引き具合を見ながら撚りの強さを加減していた。18世紀に発明された外国製の糸紡ぎ機は、繊維の供給部の部品を大がかりに動かして撚りの強さを調節していたのに対して、ガラ紡機の機構はシンプルで、一つひとつの筒から引き出される繊維が、撚りの強さと重力との関係で一定の太さになる仕組みである。撚りの調節に重力を利用していること、1本1本の糸が独立して紡がれていくことにガラ紡機の独創性がある。筒の回転、糸

の巻き上げが1つの動力から供給されているシンプルさ。この機械が評価され普及したことで、糸や織物を大量に作ることができるようになり、日本人の衣服事情が劇的に変化した。日本の工業の黎明期の代表的な機械である。

　糸の仕組みや明治の工業化の時代について知り、技術と社会の関係を感じる。モノに触れ手を使って体験すれば学びが深くなる。そう考えて、ガラ紡機を題材に学習教材を作ることにした。同じ機構のキットを試作し、同時に学習プログラムとして仕上げ、ワークショップを設計した。成果の1つが冒頭の場面である。後日、女の子は自宅に戻ってからもキットのプーリーを回して糸を「量産」して楽しんでいたと聞いた。これをきっかけに、洋服や織物、木綿だけでなくほかの繊維、洋服が作られるプロセス、機械の仕組みなどに関心をつないでくれることを願った。

　本書の構想は、暮らしを作る産業やその歴史などを学べる施設の多くが、トヨタ産業技術記念館のような企業博物館であることに着目し、企業博物館が産業についての学習施設としてより充実していくためにはどうすればいいのか、を探ることから始まった。しかし、企業博物館はその名のとおり企業が設置・運営しているものだ。そこには、一般の公立博物館とは異なるさまざまな事情、そして役割がある。本書は企業博物館の実態を知り、その機能や企業の意識から、企業博物館とは何なのかを調査した記録である。

　まず、本書の構成について説明しておこう。

　第1章では、企業博物館に関する研究や文献を概観し、第2章ではこれまでの研究で示された考え方をレビューして、企業博物館にはどのような機能があるのかを整理する。第3章では、実際に企業博物館を取材し、設置の理由や目的、活動内容を聞いている。第4章ではその取材内容をもとに、館ごとに異なる企業博物館の多様な役割や意義について掘り下げて検討している。第5章では、より多くの企業博物館の実態を知るために実施したアンケート調査の結果を紹介する。第6章では、調査から存在が明らかになった非公開の施設について記す。第7章では、企業博物館の起こりや成り立ちを考えるうえで欠かせない博覧会・見本市との関連や、万国博覧会と企業博物館の接点について論じる。そして第8章で、それまでの結果を踏まえた企業博物館の姿を明らかにし、課題を整理する。

　全章を通じて企業博物館の姿が浮かび上がってくるような構成とした。

第1章　企業博物館はどのような存在と考えられてきたか

1-1　なぜ企業博物館について考えるのか

　暮らしを形作る技術はさまざまだ。私たちは日々たくさんの技術に囲まれ、それらを使って生活している。しかしそれらの技術は複雑で専門性が高く、内部や仕組みを理解することは難しい。知らなくても使えるということこそが、便利さなのである。しかし、一利用者であっても暮らしを支える技術についてある程度の知識をもち、取捨選択する必要があるのではないだろうか。自分が購入し使用する機器だけでなく、世界では現在どのような技術が注目されているのか、それらの技術を取り入れることで、社会や生活が今後どう変わっていくのか、おおよそのことを理解したり咀嚼したりするリテラシーは必要だろう。もちろん、専門家のように深く細かく理解するのは現実的とはいえない。それでも基礎的な知識があれば、それに照らし合わせて判断したり、適切な疑問をもったりすることもできるし、新たな情報にふれたときに調べたり考えたりする助けになる。このような基礎知識はどんな人にも必要だろう。こういった知識を得るために、目で見て説明を聞いて、ときには触って体験することができるのが博物館である。

　技術について学ぶ機会が増え、知識を得るための手間が少なくなれば、より科学技術への関心も高まるかもしれないし、さまざまな機器や技術に興味が湧くかもしれない。「難しいからわからない」「専門じゃないから」などと、出合った瞬間に探究心をシャットアウトしてしまうことが少なくなるだけでもいい。知ってみれば、「案外おもしろいものだ」「こちらの場合はどうなのだろう」「もう少し知りたい、話したい」とさらに興味が湧くこともあるだろう。

多くの子どもや大人が、生活のなかにある機器や技術の仕組みや原理にふれることができ、ときには専門家のわかりやすい解説を聞くことができる場所。繰り返し訪れることができ、関連する詳しい話が聞けたり、意見を言い合ったりできる場所。そんな場所や機会を増やすにはどうしたらいいのだろうか。

　一口に技術といっても、その分野は多岐にわたる。自動車や電気製品、カメラなどの光学機器、船や鉄道、橋梁、航空機などを造る重工業、電気やエネルギー、通信、工作機械や機械部品、測定技術、化学工業、宇宙開発や海洋開発、土木や建築、鉱山開発や精錬、素材、物流、食品や繊維……。挙げればきりがない。だがその割に、産業技術を扱う博物館はそれほど多くない。

　国立科学博物館（東京都台東区）には、「科学と技術の歩み」というフロアがある。同館には技術史などを扱う理工学研究部があり、研究成果をもとにした企画展などでは、歴史的な資料の展示を見ることができる。だが展示の範囲は限定的だ。前述したとおり、技術にはさまざまな分野——面的な広がり——があり、同時にそれぞれに歴史——時間的な広がり——がある。これを1つの館で見ることができる展示施設はどれほどのものになるのだろうか。国立の博物館が産業技術を幅広く扱い、しかもそれらのコレクションを持つとしたら、展示はどれだけの規模になるのだろうか。

　日本博物館協会のウェブサイト⁽¹⁾にある会員館ガイドのなかで、「理工」に分類される博物館は48館ある（2023年3月現在）。以下は同サイトから転載したものである。科学館・科学博物館のなかには、展示の一部で技術的な内容を扱っている館もあるため、館の名称だけでは技術や産業に関する展示がないと結論することはできないが、技術・産業を中心的に扱っている館がわずかであることは、私の実感とも一致するものである。産業や技術に関する学びを目的にして来館しようとしても、館名からでは探せないだろう。

旭川市科学館、札幌市青少年科学館、青森県立三沢航空科学館、盛岡市子ども科学館、スリーエム仙台市科学館、仙台市天文台、郡山市ふれあい科学館、栃木県子ども総合科学館、向井千秋記念子ども科学館、航空科学博物館、千葉県立現代産業科学館、千葉市科学館、日本大学理工学部科学技術史料センター、NHK放送博物館、科学技術館、多摩六都科学館、東京農工大学科学博物館、東京理科大学近代科学資料館、東武博物館、日本科学未来館、船の

科学館、東海大学海洋学部博物館、浜松科学館、トヨタ博物館、トヨタ産業技術記念館、豊橋市地下資源館、名古屋海洋博物館・南極観測船ふじ、岐阜かかみがはら航空宇宙博物館、岐阜市科学館、東芝未来科学館、富山県交通公園交通安全博物館、富山市科学博物館、日本自動車博物館、長浜鉄道スクエア、京都市青少年科学センター、京都鉄道博物館、大阪市立科学館、明石市立天文科学館、神戸海洋博物館、神戸市立青少年科学館、広島市健康づくりセンター健康科学館、広島市交通科学館、広島市こども文化科学館、福山自動車時計博物館、防府市青少年科学館、高知みらい科学館、南阿蘇ルナ天文台、薩摩川内市せんだい宇宙館

このなかには理学を中心に扱っている館も多く、青少年科学館、子ども科学館なども含まれている。また、公立博物館のほかに大学博物館や私立博物館もあり、設立母体による分類はされていない。

　名称をみてみると、「技術」もしくは「産業」の文言が使われているのは、それぞれ「技術」3館、「産業」2館だが、このうち1館は「産業技術」と表記しているため実質的には合計4館。館名に「技術」「産業」を含んではいないものの、これらに関する展示をしている施設もある。東京農工大学科学博物館（東京都小金井市）や東京理科大学近代科学資料館（東京都新宿区）などだ。東京農工大学科学博物館は、同大学が繊維工業を扱ってきた歴史があることから、繊維・織物に関する機械の展示が豊富である。また東京理科大学近代科学資料館では、数・質ともに充実した計算機のコレクションを見ることができるが、これらはいずれも大学博物館。また、館名に自動車や時計といった単語を冠した福山自動車時計博物館（広島県福山市）は、公益財団法人が運営母体になっている私立の施設である。もちろん、このリストが理工に関わる博物館やそれに類似する施設を網羅しているわけではない。実際にはさらに多くの科学館や技術館があるほか、建築や印刷など特定の産業に特化した施設もある。

　私立の博物館には、特定の産業、技術を扱う施設が存在する。それは主に、企業やその関連機関が設置・運営する企業博物館である。例えば、「はじめに」でふれたトヨタ産業技術記念館も、その名のとおりトヨタグループが運営している展示施設である。

また、先のリストには入れなかったが、印刷博物館（東京都文京区）は、凸版印刷が設置する、文字どおり印刷をテーマにした博物館である。印刷技術が発明される以前から、人が情報を伝えようとした意志や工夫の歴史、歴史のなかで印刷が果たしてきた役割などがわかる。

　竹中工務店の竹中大工道具館（兵庫県神戸市）は、その名のとおり大工道具の豊富なコレクションを有し、古くからの建築技術と道具を見ることができる。同館を訪れると、学生や一般の人だけでなく、建築に携わるプロたちも道具や記録映像を見ながら議論を交わしている光景に出合う。

　お気づきと思うが、凸版印刷の印刷博物館、竹中工務店の竹中大工道具館は、その業種の代表的な企業が設置している企業博物館である。竹中大工道具館は、正式には公益財団法人竹中大工道具館が運営しているため、企業の一部門の設置ではないが、ゼネコン大手の1社である竹中工務店に由来することから企業博物館ととらえていいだろう。

　企業が運営するものでは飛行機や船、橋や発電プラント、新幹線をはじめとした列車の車両など、重工業を扱う施設もある。そこには、発電所のタービンや発電機、風力発電機のプロペラやその断面、飛行機の機体や翼、船など、実物や実物大のレプリカがあり、その迫力に圧倒される。橋脚やトンネルなど日常よく目にする建造物の、普段は見ることができない内部構造やそれらの技術、工夫を知ることで、科学技術と自分たちの暮らしとのつながりを実感できる。「それらを造る機械」を造るための機械である工作機械の会社のなかには、工場などの限られた場所でしか見られないような工作機械や製造装置を展示する施設もある。

　カメラや望遠鏡が好きな人にとっては、光学メーカーの展示施設も魅力的だろう。カメラやレンズなど一般の人が購入できるもののほか、光学の歴史や技術、工業的に使われる光学機器、歴史的な資料に出合える。特にメーカーの歴代のカメラ数百台の展示は圧巻だ。専門家や愛好者たちが製品、つまり資料を前にして知識の交換をしている姿にも活気を感じられる。

　私たちが食べるものも多くの企業の技術に依存している。豆腐やこんにゃくなどの伝統的な加工品、缶詰や調味料、カップ麺やレトルト食品、ジュースや酒類も専門性の高い技術に支えられている。その製造過程で、伝統や経験に裏打ちされた職人の技術はもちろん大切だが、安く大量に製造するには、機械での生産・冷凍・包装・保存などの工業的なアプローチが必要だ。現在

の食卓は多くの技術に支えられているが、食品に関する企業博物館に行けば、製品を作る際のさまざまな技術や考え方を展示や説明を通して知ることができる。製造の工夫やパッケージの性能、食品を購入して食べるだけではわからない技術や工夫など、切り口もさまざまだ。施設によっては試食や試飲ができるところもあって、見学の楽しみの1つになっている。施設の内容に関連した工作など、ものづくりの体験が用意されている場合もある。例えば、自分の好みの味つけや具を選んで、「世界で1つ」のオリジナルカップ麺を作るコーナーなどである。ここでしかできない体験とともに、オリジナルのおみやげができる。

　旅行でこうした展示施設を訪れたことがある人もいることだろう。その土地に古くからある企業の施設なら、企業が生産してきた歴史的な製品や創業時の時代背景、創業者の志や人柄にふれられる。旅をしたからこそ知ることができる楽しみだ。

　あるいは学校の社会科見学で訪れれば、ある特定の産業に長い間従事してきた人から、教科書には載っていないような深い知識が得られる。実物の迫力を感じたり、普段は見ることができない機械の内部を観察したり、可能であれば触ったり操作したりと、教室とは異なる「博物館」ならではの体験ができる。いまでは当たり前に手に入れられるようになった機器や食品を苦労して開発した人の工夫、たいていは質素で生産設備としては不十分でありながら試行錯誤を重ねた創業者の部屋、そこでの発明・生産を経て世の中に広がり人々の暮らしを変えてきた産業の歴史。そのような歴史や技術にふれたり、自由研究のテーマにしたりと学習施設としてもなじみがある人も多いことだろう。「企業の」博物館とは意識していなくても、多くの人が企業博物館での体験をもっているはずだ。

　もっとも、多くの人にとってそこが企業が設置した博物館であるかどうかは問題ではないかもしれない。博物館の設置者について意識している利用者は少ないのではないだろうか。ではなぜ、本書ではあえて企業博物館と限定して論じていくのか。もちろん、国立や公立の歴史博物館や民俗博物館、科学博物館などでも歴史的に貴重なものや地域や時代に特有のもの、自然環境に関する学びができる。時期を区切って開催される企画展にも興味をそそられるものは多く、繰り返し訪れる人もいる。歴史や社会や技術などのさまざまな分野で貴重で珍しい品々を見ることができる大きな建物が博物館のイメ

ージだとすれば、それが公立のものか企業のものかを区別する必要はそれほどない。にもかかわらず、あえて企業博物館に限定して論じようとしていることにはいくつかの理由がある。

産業技術を扱う公立博物館はそれほど多くはなく、産業や技術の歴史や、それらの発展に伴う生活の変化、いま使われている技術やその仕組みについて魅力的な展示をしている施設は、企業博物館である場合が多い。自動車や印刷、工作機械や家電製品など、現在の生活に欠かせない身近な技術が生み出されるまでの過程には、多くのストーリーが宿っている。実物と一緒に開発までの掘り下げたストーリーを見られるのはその産業を担う企業の博物館ならではである。

ある時代の人たちが広く使い、社会を形作った資料の数々。それらがまとまれば、産業史や生活史、社会史にまで及ぶ資料になる。製品の作り方や仕組みなどを紹介すれば、科学技術につながる関心が生まれる。一般の消費者は最終製品を買うだけなのでなかなか見ることはできないが、製造プロセスや製品が社会に与えた影響を知ることができれば、社会的な視野を広げる機会になり、公共的な学習の場にもなるだろう。さまざまな業種の企業が博物館施設を公開すれば、体験や学習機会の提供、社会の産業への理解促進や子どもたちの進路選択の多様化など、いろいろとメリットがありそうだ。ある製品や分野に関心をもつ人に有用な資料や情報が集められれば、大人にとっても価値がある施設になる。施設に企業独自の内容が多く含まれていれば、体験の希少性が高まる。このようにして、これらの施設は歴史や科学技術、社会について学ぶ場として認知されていく。企業博物館とは、歴史的な製品群を深く見ることができる場所なのである。

考えてみればごく自然なことだ。何しろ企業にはモノがある。自動車の会社であれば、自社製品を中心に歴史を追って資料をそろえることができる。ある製品がなぜ生み出されたのか、それが使われたことによって社会に、あるいは私たちの暮らしなどにどんな変化が起こったのかということも、会社の記録から詳細に紹介することが可能である。

もし公立博物館で同様の展示をしようとすれば、企業であれば不要なプロセスが膨大に発生する。家電製品について考えてみよう。いまでこそ国内で家電を製造するメーカーが減ったとはいえ、日本ではこれまでいくつもの会社がしのぎを削って家電を開発・販売してきた。それらを展示するには、ま

ずはさまざまな会社が製造して不特定多数の人が使ったものを探し出さなければならない。企業が製品を保管していればいいが、販売し、一度市中に出て使用されたものの場合はどのように入手するのか。そもそも保存はされているのか、それらはどこにあるのか。探し出して確保し、必要であれば交渉を経て購入する。それらを購入できたとしても、時代ごとのポイントになるような製品を過不足なくそろえるのは大変なことだ。

　私が、身の回りのさまざまな技術やそれを使った機器についてさらに深く知りたいと思い、関連する博物館を回るようになってしばらくたったころ、いくつかの企業博物館が休館するという情報を耳にした。2012年から13年ごろのことだ。当時休館の報を聞いたのは、たばこと塩の博物館（東京都渋谷区〔当時〕）や郵便・通信事業を展示する逓信総合博物館（通称：ていぱーく、東京都千代田区〔当時〕）だった。

　企業博物館は、安定して存在できないものなのだろうか？　公立博物館では実現が難しい分野を扱うことが多いし収蔵品も貴重なはずだ。社会的にも意味があり、一般の人が科学技術に親しみをもってもらうのにもとてもいい入り口なのに。だが、それだけで半永久的に存続できるわけではないという現実の厳しさを感じずにはいられなかった。企業博物館は、ずっとあり続けられるものではない。存続できるか否かは、運営する企業の判断ひとつなのである。

　ほどなくして、たばこと塩の博物館は墨田区に移転してリニューアルオープンした。また、逓信総合博物館も現在は郵政博物館として墨田区でリニューアルしている。両施設とも、もとは公的機関かそれに準じる公共性が高い事業を扱っていたので、民間企業が設置する企業博物館とは性格が異なる。企業の展示施設がどこもこのようにリニューアルして存続できるわけではないだろう。たとえそれが歴史ある公共性が高い事業をおこなう企業であっても、である。

　公立博物館なら、休館や閉館する前に存続について議会などで議論がなされ、行政も検討するだろう。閉館が議論される場合、その理由は財政的な事情によることが多いだろうが、自治体などが設置する博物館の建物や収蔵資料は地域の人々の財産である。何らかの理由で閉館が検討されることがあれば反対の声が上がるか、それ以前に文化の一翼を担う存在として、縮小やほかの施設との統合のほか、さまざまな可能性を検討するなど、閉館を避ける

ための相応の努力がなされるはずだ。だが、企業博物館の存続は社会的な合意を必要としない。閉館が話題になれば利用者から何らかの意見が寄せられることはあるだろうが、最終的にはあくまで企業の判断によって決定される。地域に根差して親しまれ、公共的な価値が認められていても、手続きのうえでは運営母体である企業が判断するということに変わりはない。

　もしも閉館という結果になったとき、収蔵されていた資料はその後どういう運命をたどるのだろうか。数百年から数千年、数万年というスケールの歴史を扱う国立の歴史博物館とは異なり、産業技術に関わる資料の歴史は、長くても100年から200年であることがほとんどだろう。企業が開発・製造してきたものならば、明治以降に作られたものが大部分であり、数十年前の製品であることも珍しくない。それらが貴重であることを社会が広く認めるには時間が必要だ。しかし、歴史の長さでは考古学的なスケールにはかなわないものの、今後日本の近代化の時代を振り返ったときに、貴重な資料になる可能性は大きいと私は考えている。そのとき、いまよりも社会の財産としての価値が高まっていくのではないだろうか。しかし、それらの品々は一度廃棄してしまったら二度と戻らない。今後価値を調査していく可能性がある品々を、企業の業績やそのときどきの経営判断だけではない何らかの価値観で守ることはできないものだろうか。

　企業博物館が、あくまでも博物館活動をおこなう姿勢を貫くのであれば、資料の収集をはじめ、研究・教育に継続性と普遍性、公共性が求められ、博物館のレギュレーションに従って財源やリソースを常に投入しつづけなければならない。継続性・普遍性・公共性と、社会状況の変化を敏感に受けながら営利活動をおこなう企業の使命は矛盾しないのだろうか。企業博物館は必然的にアンビバレントな状況を内包した存在なのではないか。

　このように考えるうちに、企業博物館は博物館なのか、企業は、なぜ企業博物館を設置し運営しているのだろうか、という問いが自分のなかで大きくなっていった。

1-2　企業博物館はどのように定義されてきたのか

　ここまで、博物館、企業博物館、または展示施設などさまざまな言葉で企

業博物館を表現してきた。本書を手に取った読者には、「企業博物館」が展示施設なのか単なる施設なのか、いろいろな言葉が出てくることで混乱させてしまったかもしれない。ここでは「企業博物館」とはどういう言葉として使われ、その実態はどのようなものなのかを整理していきたいと思う。

　まず「博物館」とは何か、を整理しておこう。博物館の役割を定めた博物館法（第2条）では、博物館とは「歴史、芸術、民俗、産業、自然科学等に関する資料を収集し、保管（育成を含む）し、展示して教育的配慮の下に一般公衆の利用に供し、その教養、調査研究、レクリエーション等に資するために必要な事業を行い、併せてこれらの資料に関する調査研究をすることを目的とする機関（公民館及び図書館を除く）」と定められている。[2]簡単にいえば、博物館の役割は資料の収集・保存、調査・研究、展示、教育・普及である、ということだ。資料になりそうなものを探して集めて保存して、それについて調べて意味や背景を学問的にはっきりさせ、学術的な価値を検討し、多くの人が見ることができるように整え、教育もおこなう。それが博物館である。

　博物館として認定されるためには博物館としての登録が必要である。地方公共団体、一般社団法人もしくは一般財団法人、宗教法人などの政令で定めるその他の法人が設置したもので、都道府県の教育委員会の登録を受けたもの、というのが認定の要件で、それ以外は「博物館類似施設」になる。運営母体が上記の「法人」にあたらない国や株式会社などの場合は、登録博物館の対象外だ。また、国立の博物館は博物館法が定める博物館には該当せず博物館相当施設（博物館の登録要件を満たしてはいないものの、文部科学大臣または都道府県教育委員会に博物館に相当すると認められた施設）という扱いになるので不思議な枠組みに思えるが、実際には登録やそれに相当する指定を受けても多くの博物館にはメリットがほとんどなく、登録・指定されている博物館は全体の20％程度というのが現状である。

　文部科学省の「社会教育統計」（平成27年度版）には、2015年度（平成27年度）時点で日本の博物館法に基づく施設（登録博物館と博物館相当施設）は1,256件、博物館と同種の事業をおこなうとする博物館類似施設が4,434件存在していると記されている。[3]前述したように登録博物館の設置者には一定の要件があるが、博物館相当施設と博物館類似施設には設置主体の制限はなく、設置主体別のリストは作られていない。博物館相当施設、博物館類似施設の

なかに企業が設置した施設が含まれる可能性があるが、設置主体別に分類されているわけではないのでこのなかから企業博物館だけを抽出することはできない。企業博物館の数や設立年代、運営に関する情報などを網羅した情報はないのである。そもそも、企業博物館は民間企業が設立した博物館施設と解釈できるが、少数ながら企業が設立した財団法人などによって設立・運営されている例もある。施設の名称や展示の内容などからもともとの母体になった企業が推測できることもあるが、枠組みがあいまいな施設群を分類することは難しいのが現状だ。企業博物館の運営実態や現状の全体像を知るのは、日本の博物館制度に基づいて実施される調査では不可能といえる。

　さらに企業博物館の枠組みの設定を難しくしているのが、企業の展示施設やPR施設の扱いである。その施設がPR施設をうたっているか、産業や事業、企業名などを冠した「○○館」「○○PR館」といった名称であれば明らかだが、そうでない場合もある。人物や産業の歴史や技術に関わる展示や活動をしている企業博物館に近い施設でも、PR（パブリック・リレーションズ）の要素やコーナー、メッセージが強いこともある。企業博物館と企業のPR施設を客観的に区別するのは現状では難しく、こうした施設のなかから企業博物館だけを過不足なく選ぶのは困難だ。

　一方、企業博物館も博物館に求められる役割である資料の収集・保存、調査・研究、展示、教育・普及をおこなっているのかといえば、必ずしもそうではない。では、企業博物館はどのように定義されているのだろうか。企業博物館研究の草分け的存在であるUCCコーヒー博物館（兵庫県神戸市）の元館長・諸岡博熊は、企業ミュージアム（諸岡は「企業博物館」ではなく「企業ミュージアム」と呼んでいた）を、「①企業が設立したもの。②企業の生業にかかわる資料を保存し、展示し、公開しているもの。③積極的に地域社会の文化開発に貢献しているもの⁽⁴⁾」とした。また、丹青研究所の佐々木朝登は「少なくとも、会社の社業にかかわる博物館である⁽⁵⁾」とし、元コニカ企業文化室長の星合重男は「自社の歴史とその背景の保存と、企業理念の理解のために、企業（またはその業界）が設立した博物館⁽⁶⁾」と定義している。また、シカゴ科学産業博物館の館長を務めたビクター・J・ダニロフは「企業の所有地の中で、モノ的資料を保存し、展示する博物館的セッティング（展示しないこともあるが）である。それらはまた、企業の歴史や事業を、企業の利益にかなうように、従業員、大事な取引先やたんなる客に紹介（一般大衆に

拡充することもあるが）するところである」と述べている。

　これらに共通しているのは、設立者が企業であることと、資料は企業の事業に関連するものということだと、経営学の立場から企業博物館の役割について研究している高柳直弥は分析している。高柳自身も独自の定義を試み、「収集、保管、展示を通じて、設立企業の生業に関するものの価値や意味を新たに発見、および創造し、人びとに提供する企業施設」とした。一方、施設の目的についての考え方には違いがみられる。諸岡の「積極的に地域社会の文化開発に貢献しているもの」は、企業が属する地域や社会への貢献を視野に入れているが、星合の「企業理念の理解のため」やダニロフの「企業の利益にかなうように」は、企業自身のメリットを優先しているように読み取れる。地域社会の文化開発に貢献するという公共性を強く意識した考え方と、企業理念の理解や利益を意識するなど、広い意味での企業へのメリットを目的にしているという考え方が存在することがわかる。ただし「理解のため」や「利益にかなうように」などの表現は、展示活動によって社外に何らかの恩恵をもたらすことが結果的に企業にとってのメリットにつながる、という一周回った考え方だ。「情けは人のためならず」というわけか。高柳が示した、「価値や意味を新たに発見、および創造する」という見解にはより積極的なとらえ方がうかがえる。高柳がこの定義を示したのは2015年のことだが、それ以前に示された諸岡や星合、ダニロフの考え方は1986年から95年までの間に発表された。高柳自身も、この定義はあくまでも「当該の論文の中で」と限定していて、それまでに示された三者への積極的な対案として位置づけているわけではない。企業博物館の定義は定まっているとはいえないし、私見だが、最近では企業博物館を定義する積極的な議論がなされていないようにみえる。企業博物館とは何かという問いに対する明確な解はいまだに得られていない。

　日本に企業博物館はどのくらいあるのか、という質問を受けることがある。これは難しい質問だ。資料により500館とも700館ともされるが、根拠は明らかになっていない。そもそも定義が定まっていない状況で数を特定することはできない。ちなみに『新訂 企業博物館事典』には、産業ごとに分けられた253の施設が紹介されている。ここでは、産業の分類に「エネルギー」部門があり、ここに電力会社が発電施設に併設しているPR館も数多く含まれているなど、PR館と企業博物館の区別は意識されていない。実情が十分

に把握しきれていないため厳密に定義づけをするという段階ではないというのが現状だろう。

博物館法で定める設置主体の対象に株式会社が含まれていないという時点で、企業博物館は登録博物館とはなりえず、その定義も定まっていない。また、登録博物館は、館長や学芸員の配置が必須で、年間150日以上開館しなければならない。登録博物館になることのメリットが少ないこともあって、登録博物館は全体の20%程度であることは前述したとおりである。

視点を変えてみよう。世の中にはいろいろなものを集めた場所を慣用句的に「博物館」と呼ぶことがある。互いに関連するたくさんの品々を集めて、時系列などの文脈に従って見学できるようにすれば十分に博物館らしくなる。地域で催す講習会や講座を「〇〇大学」と呼ぶこともあるし、あるテーマについて深く掘り下げながら全体像を把握できるように編集された書籍を「〇〇の教科書」と呼ぶこともある。これに対して「そんなのは教科書ではない、文部科学省の検定を通ったものだけが教科書だ!」というのは、杓子定規で柔軟性に欠ける考え方だろう。法律上で定められた博物館の枠組みが現状を反映しているとは言いがたいことと、比喩としての「博物館」を呼称に使うことの、ある種の「緩さ」は関係があるのではないだろうか。そうした緩い雰囲気が、企業博物館の枠組みの曖昧さや定義づけへの意欲の低さにつながっているのではないだろうか。

だが、企業は企業博物館を設置する。企業は、その施設が博物館であることを「どの程度」目指しているのだろうか。まず、施設の名称を概観してみよう。

トヨタグループは共同事業としてトヨタ産業技術記念館を運営している。東芝は東芝未来科学館(神奈川県川崎市)を、竹中工務店は竹中大工道具館を、重工業では IHI が i-muse(東京都江東区)と石川島資料館(東京都中央区)を、川崎重工業がカワサキワールド(兵庫県神戸市)を、三菱重工業が三菱みなとみらい技術館(神奈川県横浜市)や長崎造船所史料館(長崎県長崎市)、その他複数の施設を設置している。施設名には記念館、科学館、道具館、技術館、資料館といった呼称が使われているほか、i-muse やカワサキワールドなどは「館」という呼称を使っていない。このほかにも、会社名や創業者名に、「資料館」「科学館」「ミュージアム」をつける、あるいは、「パーク」や「プラザ」などの人が集まる広場のような意味合いの名称をつけた

施設も珍しくない。「博物館」という名称を使うのは、凸版印刷の印刷博物館など、数えるほどだ。印刷博物館は印刷の歴史や文化を中心的なテーマとしていて、博物館としての役割を強く意識しているように思う。いずれにしても、こうした施設名称には企業が「博物館」になることを積極的に目指しているとは感じられない幅広さがあり、このことは企業博物館の定義が定まっていないことに関係がありそうだ。

　企業博物館に特化した学会や協会、研究会はないのだろうか。企業博物館の集合体としては、私的な研究会である産業文化博物館コンソーシアム（COMIC）がある。COMIC は、印刷博物館が事務局となっている企業博物館の担当者らの集まりである。活動としては2カ月に1回程度の見学会などを実施しているが、定期的に研究発表や調査をおこなうといった学会（学協会）に準じるような活動はしていない。COMIC の活動報告や名簿は公開されておらず、ここでも企業博物館を網羅したリストを求めるのは難しい状況だ。このように、「企業博物館」というキーワードで現在日本に存在する企業博物館を過不足なくピックアップすることはできない。多くの企業博物館の設立事例がある一方で、その数や実態を継続的に把握している機関は存在しないのが現状である。このような状況で、企業博物館に関する調査は早くも手探りの状態になり、「博物館」と特定できないまま「企業博物館」と呼び調査を続ける居心地の悪さと並走することになった。

「博物館」が使いにくければ、「企業ミュージアム」と呼べばいいではないかという声が聞こえてきそうだ。実際、「企業ミュージアム」という呼び方を選ぶ研究者や会社もある。企業博物館にさまざまなタイプがあることを考えれば、企業ミュージアムは使いやすい言葉だろう。一般的な博物館を研究対象とする人たちが、博物館のことを「museum」と呼ぶのはよくあることだ。この場合、「博物館」の英訳としてシンプルに「museum」を使っているようだ。しかし企業ミュージアムについては、「企業」に続く「博物館」を単純に英語にしただけとはいえないだろう。「博物学」を連想させる「博物館」を使わず、とりあえず「ミュージアム」としておくという意識が垣間見えるからだ。本書では、「企業博物館とは何か」を検証するうえで「博物館であるか否か」は重要なポイントである。企業博物館という名称で研究が始まり、企業と企業博物館の関係が考察されてきた経緯から、企業博物館という用語は必要なのである。

話を戻そう。企業博物館に特化した枠組みがないことはすでに述べた。しかし、企業博物館とは何なのかを考えるためには、さしあたっての対象を定めなくてはならない。本書では、以下に示す範囲の施設を対象に取材を進めた。

1．博物館、科学館、資料館、史料館、技術館、ミュージアムのほか、○○（展示内容など）館、あるいは、これに類似する名称をもつ、民間企業またはこれに準じる機関（財団など）が運営する展示施設。
2．企業の社業、企業が属する業種を中心的に扱っている施設。
3．博物館、科学館などの呼称はつくが、ショールーム的性格が強いと思われるもの、工場見学を中心とするもの、本業の一部を公開しているものであってもあえて排除しない。

　ところで、企業が設置している美術館なども「企業博物館」もしくは「企業ミュージアム」に含めるべきではないかという意見もある。確かに、ポーラ美術館（神奈川県箱根町）やアーティゾン美術館（東京都中央区）など多くの「企業美術館」が存在する。企業が直接運営しているのか、もしくは財団などを設立して独立して運営しているのかはさておき、美術館も博物館の一ジャンルであるから、美術館を含めるというのはひとつの考え方ではある。これら企業を母体にする美術館は、創業者などかつての経営者らが収集した美術品を中心に良質なコレクションを持つ例が少なくないが、本書では美術館を対象にはしていない。
　本書では、産業や技術について学ぶことができる施設が企業博物館に多いことや、企業博物館が特定の産業や技術を詳細に扱うことができる場であることから、企業の自社事業を扱う施設を対象にした。

1-3　企業博物館への疑問

　産業の発展が社会に影響を与えた歴史を知ることは、社会史、生活史、産業史を考えるきっかけになり、未来の暮らしを考えることにもつながる。企業が、事業の過程で製造した製品やその技術、製品を作るために使用した機

械をはじめとした資料、創業者や技術者の人となりや志などを整理し展示すれば、博物館のような施設になる。

　では、企業はこうした施設を博物館として位置づけようとしているのだろうか。博物館として、関連資料を集め保存し、その資料的価値を研究したり、研究の結果を広く発信して教育活動をしたりといった社会活動を目指しているのだろうか。

　企業は営利を主目的とする組織だ。モノやサービスを提供することで利益を得て、人々に労働の機会を提供し、利益を配分する。その結果多くの人が収入を得て、経済を活性化し、社会を安定させる。それが基本的な企業の役割であり、目的の達成のために新しい財やサービスを生み出し、提供するための効率的な経営をすることが第一義的な使命である。

　しかし、前述のような博物館としての社会活動は、直接利益を生み出すものではない。

　でも、博物館のミュージアムショップやカフェ、レストランでも商品を販売しているから収益はあるのでは？という声が聞こえてきそうだが、ショップやレストランの売り上げでは、儲けどころか運営費を捻出することもできない。例えば、公立博物館の場合、入館料は数百円から千円程度が一般的だが、収入に占める入館料の割合は10％から15％程度といわれ、残りの85％から90％は税金から支出されている。資料を探して評価し、必要とわかれば購入して管理し、運搬して収蔵する。建物の照明や空調、水道を使い、警備や修繕などの設備維持をし、学芸員や事務系の職員に給料を払う。学芸員らは研究や勉強のために文献などを購入するだろうし、調査や学会のために出張し、施設や収蔵品を維持・管理しながら展示企画を立ち上げる。入館料やグッズ販売だけで、それだけの経費が賄えるわけがない。しかも、企業博物館の入館料が千円を超えることはほとんどないし、無料であることも珍しくない。博物館は、利益を生み出す構造をもっていないのである。

　仮に、企業が過去に製造した製品や使用していた加工機械を所有していて、それらが現在では文化的価値をもつ可能性があっても、生産性や経済性の観点からは損失にカウントされてしまうものだ。効率的な経営によって経済に貢献するという企業の基本を考えれば、企業博物館は利益を生み出すことには直接貢献しない。会計の帳簿から外れてしまえば、もはや物品の保存を後押しする合理的理由はなくなる。

企業博物館は、利益と公共に資する消費、「企業」と「博物館」とが、概念としても呼称としても混在する存在なのである。

　このような状況について平井宏典は、既存の博物館学の枠組みを援用した企業博物館の分類は、収蔵資料などの要件によって比較的明確に区分できる公立博物館とは異なる企業ミュージアムに適していないとしたうえで、「企業ミュージアムは「企業」もしくは「ミュージアム」どちらか一方の枠組みでその特質を規定することは困難であり、複眼的な視点をもって分析する必要がある(11)」と述べている。

　ある製品に歴史的価値があり、保存すべきという考え方があったとしても、企業が実際に保存するためには経営上解決しなければならないことがある。製品などの貴重性を認識し、保存や活用に見合う支出を許容するような、収益や効率に優先するロジックが必要である。だが、そのロジックを下支えするために貴重性の認識を共有したり保存の道筋を示したりする普遍的な考え方の整理や、財政的基盤の整備の問題は未解決の状態にある。

　ここまで、企業博物館が一般の博物館とは異なる背景をもつことについて述べてきた。それでも企業博物館を設立し、運営を続けている企業は存在する。企業の基本的な姿勢である営利事業でないとすれば、企業はなぜ企業博物館を設置するのだろうか。それは企業にとってどんな存在なのだろうか。そして、私たちはそれを何と呼べばいいのだろうか。

1-4　企業博物館はいつごろ登場したのか

　すでに企業博物館については、何人かが独自の視点で説明を試みているが、ここでは、そもそも企業博物館はどのように登場し、何のために作られたのか、その始まりをみていこう。

　日本で最も古い企業博物館は、京都市にある川島織物文化館とされている。開館当時は「織物参考館」という名称だった。ここで気をつけておきたいのは、企業博物館という概念が最初から存在したわけではないということである。当時は企業博物館という言葉も考え方も存在しなかった。だから、「日本で初めての企業博物館が開館しました」と広く社会に向けて告知されたわけではなく、過去の資料を調べたいくつかの研究のなかで、いまにして思え

ば企業博物館の始まりだったといえる存在として考えられると推定されている。

　織物参考館の開館は1889年（明治22年）。同年、大日本帝国憲法が発布され、東海道線が開通して新橋―神戸間を20時間で結び、逓信省（当時、郵便や電信を管轄していた省庁）が東京―大阪間に自動電話を開設した。ときは富国強兵・殖産興業まっただなかといったところだ。

　織物参考館では、織物の見本や国内外の染織品、国内外で収集した古書、ヨーロッパで苦労して集めた織物見本などを同業者に見せていた。高柳直弥は、織物関連の品物を集めて同業者に公開する資料センター、そして室内装飾を提案するショールームといった目的があったのだろうと述べている[12]。織物参考館の活動は、このころヨーロッパで数年ごとに開催されていた万国博覧会や、国内で開かれた内国勧業博覧会と呼び合うものがありそうだ。参考までに公立の施設がどのような状況だったかというと、東京国立博物館の開館が1872年（明治5年）、国立科学博物館（当時は教育博物館）の設立が77年（明治10年）である。海外では89年に4回目のフランス・パリ万博が開かれ、エッフェル塔が建設されている。そして、1902年に郵便博物館、21年に鉄道博物館が設立された。

　鉄道博物館の設立から少し遅れて、民間企業が1927年に設立した施設がある。現在の東芝未来科学館の始まりの姿であるマツダ照明学校である。東芝未来科学館は、2014年にリニューアルして現在のJR川崎駅に直結したショッピングセンターに隣接する場所に移転した。リニューアル前の旧東芝科学館は現在の位置から1キロほど離れた同社の中央研究所（現・研究開発センター）内にあった。多くの企業博物館と同様、自社の敷地の一部を活用して施設を置いた。この東芝科学館は、同社の創業85周年事業として計画され、1961年に開館したのだが、この事業は「マツダ照明学校／マツダ研究所の復活を」という声を受けたものだった。東芝未来科学館の前身であるマツダ照明学校こそ企業博物館の始まりの姿に近く、現在でも多くの企業が自社の企業博物館に込めるようなさまざまな意図を含んだ施設だった。

　当時、家庭内の電気設備は電灯と扇風機くらいだった。この時代に企業が博物館のような施設を作ったのにはどのような背景があったのだろうか。東芝には2つの前身があることはよく知られている。からくり人形や万年自鳴鐘を発明した田中久重が設立した田中製造所（のちの芝浦製作所）と、日本

で初めてアーク灯を灯し、ラジオ用送信機などエレクトロニクス製品の開発、21年の電灯の発明と普及を担った白熱舎が合併してできたのが、現在の東芝へと続く東京芝浦電気だった。白熱舎は1890年に日本で初めて白熱電球12個を製造した会社で、電球などを扱っていた。マツダ照明学校はこの白熱舎が設立した。

　この時代、海の向こうのアメリカで電灯の普及に伴って社会が変化し豊かになっていく様子が伝わってきていたが、日本でも電灯が普及しはじめ、世の中に灯り始めていた。白熱舎は、国内で先駆けて電球を開発した会社であり、自社が集積した照明の知識・技術を広めて販路の拡大を目指すとともに、電気技術者や一般の人たちに電灯の認知を広めようと「照明学校」を設立したのである。こうしてできたマツダ照明学校は、販売店や工事会社の人々に電化の利便性や配線の仕方などを教えていたほか、照明に関する展示室も備えていた。

　展示室には街灯の部屋や和室のライティングの部屋のほか、当時は国内でも洋間が設けられつつあったことから洋間のライティングの部屋、商業施設を想定したショールームの部屋などさまざまなものがあり、一般の人も見学が可能だった。使用する場面を細分化して照明全般を知るための展示室があったことは、現在の博物館や科学館のスタイルとよく似ている。申し込めば説明員付きの見学も可能だったことや、専門性をもつ人だけでなく、一般の人にも知識や体験を提供している点は、現在の博物館や科学館の解説ツアーやギャラリートークのような活動といえるだろう。

　館内の配置図をみると、比較的小さな製品陳列室の奥に、投光照明模型、野外照明、事務所照明、教室照明、商店照明、工場照明、そして日本間、洋間など、シーンに合わせた照明の部屋が並んでいる。配電工事だけではなく、販売店にとっても商品の説明や提案に役立つ内容だったことが配置図からうかがえる。現在の企業博物館につながる要素がいくつも含まれていることが興味深い。

　照明器具を作る会社として、関連する業態のプロたちを育成するのであれば、教室と実習室、そして必要なサンプルがあればいいだろう。照明器具の展示にしても、商品に目的や使用例を記しておけばいい。専門家集団なら自らの知識や経験から適切な商品を選び、提案することができるからだ。それにもかかわらず、多様なシーンを提案する展示室を整えたのはなぜだろうか。

電気の仕事に将来性を感じてプロになろうとしている人たちを広く集めたり、一般の人にも興味をもって訪れてもらったりすることが目的だったのではないだろうか。そのためには、来場者の気持ちを動かすような印象的な展示が必要だ。専用の展示室を設け、恒常的に展示するには、開館時間中は常に照明を点灯させて実際の使用シーンを体験できるようにするなど、人を迎え入れるための準備が整っていなければならない。スタッフの配置や日々の清掃、メンテナンス、季節や新商品発売など時期ごとの入れ替えなど、さまざまな手間やコストをかけなければならない。当時、いろいろな電灯が灯った部屋を訪れた人は驚きや感動を覚えたことだろう。そのような新鮮さ、驚きが一般の人たちと共有された場所だったのだろう。

　マツダ照明学校は、販売や工事などを担う電気のプロの養成とともに、一般の顧客へのPR、認知の向上や照明器具に対する理解促進など、複合的な目的をもった施設だった。購買を検討しようという人へは、ショールームのような位置づけにもなった。いますぐに購入するつもりではなくても、見学できたことで、いわゆるショールームとは別の効果があった。そこを訪れた人たちは、自宅だけでなく、街中や会社など生活シーンの照明を意識して観察するようになるだろう。単なる商品の認知にとどまらず、さまざまな照明の可能性を生活のなかで意識するようになり、そこで受けた印象をほかの人に伝えるかもしれない。

　マツダ照明学校は配線工事や販売などを担うプロたちの育成の場であり、一般の人に向けて知識や体験を提供する場であり、さらにいろいろな照明を使用する日常へのあこがれや肯定的な気分を醸成するファンづくりの場でもあった。そして実際に照明を購入するときにはマツダ照明を使用したいという動機を作ることにもつながったことだろう。そのように想像すれば、実益と社会サービス、そしてその間をグラデーションで結ぶ企業の施設としてのあり方がみえてくる。もちろん当時「日本で初めての照明の企業博物館が開館した」と認識されていたわけではない。しかし、単なる知識の普及や啓蒙としてだけではない、自社の商品に関わる創意工夫にあふれたこの施設のありようは、現在の企業博物館につながるものといえそうだ。現在私たちは、その目的や意義を、CSR（Corporate Social Responsibility：企業の社会的責任、第2章で説明する）や社会貢献、PR、ブランディングなどさまざまな言葉で説明しようとするが、それより昔の、のびのびした発想と成長への素直な意

欲が感じられる。

　マツダ照明学校は、学校でありながら科学館や体験施設、そして教育施設の要素をもった施設だが、残念ながら第2次世界大戦の末期に、空襲によって灰燼に帰してしまった。その後、1961年に東芝科学館が作られるまでの約15年の歳月を待たなければならなかった。その間に、日本は奇跡的な戦後復興のなかをひた走り、高度経済成長期を迎えつつあった。電力や電気製品は次々に市場に送り込まれ、企業は技術革新に邁進し、人々の暮らしは激変した。だが、その時代であっても、「企業博物館」は、まだまだ黎明期にあった。

注

（1）「公益財団法人日本博物館協会」（https://www.j-muse.or.jp/）［2023年3月28日アクセス］

（2）2022年に博物館法の一部を改正する法律によって変更。

（3）文部科学省「平成27年度社会教育統計（社会教育調査報告書）」文部科学省、2017年

（4）諸岡博熊『企業博物館 —— ミュージアム・マネジメント』東京堂出版、1995年、29ページ

（5）「座談会 文化貢献活動を担う企業博物館」、企業史料協議会編「企業と史料」第5集、企業史料協議会、1995年、9ページ

（6）星合重男／朝日崇「展望インタビュー 日本の企業博物館の動向について」、「レコード・マネジメント」第48号、記録管理学会、2004年、60ページ

（7）ビクター・J・ダニロフ「世界の企業博物館」安井亮訳、前掲「企業と史料」第5集、23ページ

（8）高柳直弥「企業博物館の価値創造活動とそれらが企業および社会にもたらす効果に関する考察」、大阪公立大学経営学会編「経営研究」第66巻第3号、大阪公立大学経営学会、2015年、90ページ

（9）日外アソシエーツ編集部編『新訂 企業博物館事典』日外アソシエーツ、2003年

（10）注（2）と同様、2022年に博物館法の一部を改正する法律によって変更。

（11）平井宏典「企業ミュージアムにおける基本的性質の分析 —— 事業の関係性と機能の充実度による分類手法」、共栄大学広報委員会編「共栄大学研究論集」第10号、共栄大学、2012年、146、147ページ

（12） 高柳直弥「企業博物館の運営と資料管理」「情報の科学と技術」第69巻第
2号、情報科学技術協会、2019年、63ページ

第2章　企業博物館の研究者たちの視線

2-1　「博物館」であることが期待された1980年代

　私たちが今日企業博物館と認識しているような施設に、「企業博物館」という言葉が使われるようになったのは1980年代ごろのことである[(1)]。そしてこのころから、実務家や研究者の間で企業博物館に関する議論が始まった。そこで議論されてきたのは、企業博物館は博物館として扱うには不十分なのではないかということだ。企業博物館についての研究が始まった当初は、企業博物館は自社製品を紹介することを中心にしていて、博物館と呼ぶには十分ではないことに対して批判的な考え方が示されていた。

　1995年におこなわれた企業博物館に関する専門家による座談会では、「企業博物館は地域の文化のレベルを上げるものであるべきで、自社製品のアピールなど自社の利益よりも公立博物館が担う公共性を企業博物館も意識して文化活動に積極的に関与するべきである」[(2)]という主張が述べられている。発言者は、当時UCCコーヒー博物館の館長だった諸岡博熊で、それに対する明確な反対意見はこの場では述べられていない。諸岡の発言には、企業博物館も「正当な博物館」である、もしくはそれを目指すことこそが大切であり、自社の宣伝やそれに関連する展示や活動は文化への貢献にはつながらないという認識があったと想像できる。もっとも、これは企業博物館のポテンシャルを認めたうえでの期待を込めたエールだったと思われる。同時期に諸岡の著書のなかでもふれているように「企業博物館には公立博物館が扱っていないものが多く、日本の産業革命前後から今日までの発展についての展示、研究調査に関しては、企業博物館が普及の先導役になっている印象があり、館数が増加し専門博物館の誕生に伴って内容を充実させ、企業博物館が独自の

運営の考え方を確立することで、公立博物館以上の素晴らしいものとなることは火をみるよりも明らか[(3)]」と言いきっているのである。「火をみるよりも明らか」というほど誰にとっても明確なことだったのかは別にしても、そうあってほしいという諸岡の強い願いが伝わってくる。このような諸岡の理想は、公立博物館のように社会全体の財産としての位置づけを目指せば、企業だからこそ可能な博物館活動が生まれてくるはずだという期待の表れではなかっただろうか。

　諸岡の「企業博物館には公立博物館が扱っていないものが多い」という指摘は、資料の由来と深く関係している。公立博物館が産業技術を扱う場合、展示の内容により多岐にわたる産業分野を網羅的に扱うことや、特定の領域を深く扱うことが求められるが、それには多方面への配慮も必要になる。公立博物館が特定の産業だけを扱うことは難しく、そうした企画を進めるためにはその産業が地域に深く関わっているといったような明確な理由が必要である。反対に幅広い分野を網羅的に扱おうとすれば、資料を収集したり知見を蓄積したりすることが困難である。さらに、展示室や収蔵庫のスペースといった問題も発生する。どちらの場合も資料の収集は非常に大変な工程である。

　それに対して企業は、自社の社業に関する分野を扱うため、その産業に関する豊富なコレクションを持つことができる。「特定の分野」に限ったものであっても社業に関連するものなのだから、ほかから異論が出てくることは少ないだろう。長い間の研究、開発、販売を通じて、すでに業務に関する知見や技術、資料になりうる機械や製品、文書の蓄積がある。そのため、資料収集にかかる費用、時間、人的リソースに関しては公立博物館よりも有利な面がある。企業は自社が蓄積した資料か、いずれ資料になる可能性がある製品を保有している。製品とともにそれらを製造した設備、図面、開発のエピソードなどが蓄積されていれば、整理・公開して多くの人と知識や情報を分かち合うことができるだろう。そのようなコレクションを蓄積していけばいずれは技術史や生活史、産業史を物語る博物館として親しまれる施設が成立するはずだ。だから企業は自社に蓄積した物品や文書、図面、そして従業員や先輩たちのエピソード、そして苦労して開発した自社の製品がどんなふうに社会に受け入れられ社会を変えていったのかなどをオープンにして見せてほしい、諸岡はそう願っていたのではないだろうか。

もちろん、博物館活動をおこなうにはモノと実績があるだけでは不十分である。自社の業務資料を博物館的資料としてとらえ直して展示するのにふさわしいものにするには、人的・物的に新たなリソースを要することはいうまでもない。諸岡は、企業にそのような覚悟をもってもらいたいという思いを込め、それが実現していない状況を変えていきたいと願っていたのではないだろうか。諸岡は同時に「あまり厳しいことを言うと数が減ってしまう」と、自身が目指す企業博物館像に合致する施設は現実的には少ないということも言い添えている。理想は高く掲げるが、その基準を厳しくしすぎては共感や広がりを欠いてしまい、かえってマイナスになりかねないという、現実的な視点も持ち合わせていたのだと思う。

　やがて、博物館的なあり方だけで企業博物館をとらえて論じるのは不十分なのではないかと分析する研究者が現れる。企業博物館ならではの背景に理解を示し、それを読み解いていく研究が始まると、企業博物館の一般の「博物館」とは異なる点が立ち現れてくる。1990年代後半になると、公立博物館とは異なる企業博物館の特性に対して言及がされるようになっていった。

2-2　CSR活動としての企業博物館

　企業は営利活動を主目的とする組織だが、だからといって儲からないことは一切やらないというわけではない。文化や教育、研究、スポーツの支援、災害時には物資や人員、生業に関わるリソースの提供など、営利活動のほかにもさまざまな事業をおこなう。地域のイベントなどへの協力や協賛も企業の社会貢献活動として一般的なものになっているだけでなく、人権や環境への配慮は世界的な課題であり、企業も社会の一員として課題解決に取り組むことが求められる。昨今の企業に向けられる社会からの視線には厳しいものがあり、「企業市民」という言葉も耳にするようになった。企業の社会的責任（CSR）や持続可能な開発目標（SDGs）などの意識の高まりとともに、営利だけでなく社会サービスも企業の責任の範疇であり、それらの活動に積極的に取り組むことで、企業が社会からの信頼や評価を得ることにつながるという考え方が一般的になってきている。

　その視点からみれば、「利益を目的としない活動」「文化・教育活動への貢

献」と「企業博物館」はなじみがいい。そのこともあってか、少し企業広報やCSR活動の知識があると「企業博物館はCSRのために運営しているのでしょう?」と言う人もいる。運営母体が企業であっても、直接的な販売や営利を目的としない博物館施設を設置・運営する理由の1つとして「社会貢献活動」が理解しやすいのは確かだ。実際、企業博物館を企業の社会貢献活動、CSRの一部と位置づける企業が多数あるのも事実である。

　ここで、CSRについて少し説明しておこう。CSRとは企業が組織活動をおこなうにあたって担う社会的責任のことであるが、企業が利益至上主義に傾倒せず市民や投資家などのステークホルダーや社会全体に対しての責任を果たすべく、戦略を立て自発的に行動を起こすことを指す。CSRについて定めた国際標準規格ISO26000では、企業の社会的責任の中核課題として、組織統治、人権、労働慣行、環境、公正な事業慣行、消費者課題、コミュニティーへの参画およびコミュニティーの発展への適切な意思決定の7点を挙げている。自社の企業博物館の目的や期待する機能を企業に聞くと、多くが企業博物館でCSR活動をおこなっていると回答した。

　企業博物館がCSR活動に位置づけられるとき、ISOの7つの項目のうちのコミュニティーへの参画、つまり、地域社会への教育・文化・スポーツでの貢献、社会貢献活動にあたる。CSRの一部である社会貢献の領域で、地域サービス、公共サービスという観点から企業博物館を運営するというCSRの概念が用いられている。

　平井宏典は、企業がCSRの文脈で社会貢献の一環として「ミュージアムを設立・経営するなどのメセナ活動は一般化している[(4)]」と、企業博物館がCSR活動を主眼として公立館とほぼ同等の役割を果たしていることを報告している。産業技術を扱う公立博物館が少ないことはすでに述べたが、産業を担う企業が、技術の基礎や仕組みなどを紹介すれば、文化施設・学習施設として有効であり、専門性や希少性を有した博物館施設になるはずだ。

　例えば凸版印刷の印刷博物館は、名前のとおり同社の生業である「印刷」をテーマとしている。同社の社屋地下にメイン展示室を設け、1階に企画展などをおこなうスペースとミュージアムショップがあり、シアターやライブラリーも備えている。館内には活字や印刷機を備えた工房があり、申し込めば活版印刷の体験もできる。印刷文化の継承に重点を置いた内容で、公共性が高い企業博物館である。直接的な自社業務の展示はしないなど、企業色を

出さないことを特徴としている。同社が考える印刷博物館の社会的意義は、同館がオープンした時期とも深く関係している。印刷博物館が開館した2000年前後は、デジタル技術が進みコミュニケーションのあり方が大きく変わる時期だった。印刷物の制作もデジタル化が進んでいて、従来の印刷技術に変わってデジタル技術が使われ始めたと同時に、紙媒体の印刷に縮小の兆しがみえていた。人が過去のことを記憶・記録するために長い間紙を使って情報を伝えようとしてきたこと、印刷という技術の発明とその意義、その結果もたらされた恩恵などを保存することには大きな意義があり、そのための拠点が必要だという考えに基づいて、印刷博物館の開館が決まったのである。

　ものづくりを生業とする企業による科学や技術に関する教育活動への貢献をCSR活動と位置づける事例も生まれている。船舶や鉄道、航空などの輸送機器やエネルギープラントなどを製造する川崎重工業は、カワサキワールドという企業博物館を設置している。カワサキワールドの設置の目的は、①企業ブランドの向上、②理科離れの防止、③地域貢献の3本柱になっている。企業自らが製造業の強みを生かして技術の素晴らしさやものづくりの大切さを伝えることで社会に貢献し、子どもの理科離れを防ぐ活動をしていく必要があると表明している。

　施設の目的として挙げられた理科離れの防止については、理系教育に関わる国レベルの課題についての説明が必要だろう。理科離れという傾向は、1990年代の後半からクローズアップされ始めた。就職の際に製造業を志望する理工系学生が減少し、金融・証券業界の人気が高まっていたことや、さらに、それより下の世代の小・中学生の「理科嫌い」が問題になっていた。単に教科の好き嫌いといった範囲を超え、理系進学者が減少する、という理科離れが問題視されたのである。資源が乏しい日本では技術こそが経済力の源泉であるという考え方は根強く、そのため学生が製造業を敬遠してしまう「理科系の製造業離れ」による工業国としての技術力の低下が憂慮された。当時、日本の産業界のアイデンティティーでもあった「技術立国」存続への危機感が高まり、理科に関わる教育関係者、理系の研究者やその先達らによって問題点の整理や対策の動きが活発化した。それに伴って、小学校から高校までの初等・中等教育課程でも従来型の授業の見直しが迫られたのである。この間、生活や社会と理科・技術との関係がわかりにくいということも課題

の1つになった。

　理科の授業では、「いま習っていることが何の役に立つのかわからない」と、子どもたちが授業と生活の関わりをイメージできないことが大きな課題になった。ここで、工業の大事な基礎になる知識を学ぶことの意味を、その成果である重工業によって示せば、学習と将来との関係を子どもたちがイメージするための有効な素材になる。こういった社会のなかの技術について学ぶ機会を提供する企業博物館の存在は、社会にとっても歓迎すべきものであり、CSR活動とは親和性が高い。

　カワサキワールドを運営する川崎重工業は、わが国有数の歴史ある重工業企業だ。自社の技術や製品など、企業のリソースを科学教育に生かして若い世代や社会全体の科学技術への関心を醸成することはカワサキワールドの基本的な考え方の1つである。カワサキワールドの鳥居敬は、BtoB（Business to Business）製造業は実物展示できる製品や技術があるため、迫力ある展示が可能だと企業博物館の強みを語る。製品は、一般消費者には日ごろなじみがないものも多いが、橋梁や船舶、発電装置など社会への貢献度が高い製品の技術は、来場者に驚きや感動を与えられるという。ここには、自社が社会で果たしている役割を知ってもらうとともに、自社の技術力や背景にある科学技術に対する興味・関心を喚起し、社会、特に若い世代の育成に自社のリソースを積極的に活用してもらいたいという意思がうかがえる。

　2000年代になると、CSRに対する社会の関心はさらに高まっていく。広告に「○○の活動を応援」といったコピーが登場するなど、企業は徐々にCSR活動がPRの素材としても有効であることに気づいていく。「○○」に入るのは、社会教育や環境保護、発展途上国への支援などさまざまだが、CSRは市民にアピールする素材の1つへと成長した。

　このような活動について高柳直弥は、企業博物館が企業と地域社会との間で教育活動の実施や地域イベントへの参加などの事業を担い、企業が地域社会の一員であることを表明する場としての役割も担っているという見解を示している。[5]「地域社会の一員」であるということは、企業が商品の提供やそれを目的にした一方向的な発信や、顧客との直接のやりとりだけでなく、地域や社会の役割を積極的に担う存在であるということだ。そのためには顧客や株主という営利活動の範囲を超え、「市民」「地域」「社会」との関係を構築することが必要になる。人々の視線を強く意識しなければならない時代に

おいて、CMやプレスリリースのような商品の売り込みや一方的なメッセージの発信では達成できないコミュニケーションを企業博物館が果たすと高柳はみている。

　堀江浩司は、「2000年代以降の①CSRへの関心の高まり、②企業の社会貢献の重要性の高まりへの具体的な方法として、企業博物館という手段が有効に作用すると考えられた(6)」と説明している。CSRには、コンプライアンス（法令順守）やガバナンス（企業統治）といった企業価値の低下を防ぐためのリスク管理の側面と、企業が本業を通じて積極的に社会に貢献し、企業価値向上をもくろむ経営戦略としての側面という2つの側面が存在するようになってきていて、後者において企業博物館という文化施設が1つの手段になるというのである。このようにして、企業博物館は企業が社会サービスの装置としてCSR活動を目的に設置・運営されているという図式を示した。施設という物理的な空間を有することで地域と企業のわかりやすいインターフェースとして企業博物館が機能する。

　では、企業は企業博物館を完全な社会サービスとして設置・運営しているのだろうか。

2-3　企業博物館で「宣伝」はしないのか

　「企業博物館は本業とは切り離した事業であり、収益を見込まない、純粋な地域社会への貢献事業」。これは地域の資源として多くの人に学びや楽しみを与え、社会的責任に向き合っている姿勢をアピールできる、企業にとって好都合なストーリーだ。

　だがしかし、CSRの一部として実施している活動とはいえ、企業は全くメリットを求めていないのだろうか。「信頼の獲得」もメリットの1つだが、そのような効果の測りにくいものに対してお金や人材を投入し、継続の責任を負うだろうか。この問いの答えを導くには、前節で取り上げた、企業がCSR活動として位置づけている施設の事例にヒントがある。

　印刷博物館の宗村泉は、同館が社会的意義の高い施設であると述べながらも、自社すなわち凸版印刷のPRの役割をもっていることを否定していない(7)。前節で、CSRには企業価値の低下を防ぐリスク管理の側面と、企業が本業

を通じて積極的に社会に貢献して企業価値向上をもくろむ経営戦略としての側面の2つが存在するという堀江浩司の論考を紹介した。この分析からは社会貢献を経営戦略の1つと考える企業ならではのしたたかさと柔軟性が垣間見え、企業の発想として十分理解できるものである。

　企業のブランディングという視点から企業博物館について検討した白石弘幸は、企業が企業博物館を使って目指そうとしている効果について、その一例として、伊那食品工業が運営するかんてんぱぱガーデン（長野県伊那市）が、「もの言わぬ営業マン」と位置づけられていると報告している。[(8)]

　かんてんぱぱガーデンは、伊那市に位置する伊那食品工業本社敷地内に開設されている庭園施設である。「ガーデン」の名のとおり花壇に加えてショップ、レストランで構成されていて、工場見学もおこなっている。もとは社員に対する福利厚生の一環としてオープンした施設だったが、企業のイメージアップやファン作りが会社の存続と成長には重要であるという考えから一般への開放を始め、2016年には年間35万人を受け入れている。マス媒体を通して同社の製品を買った客は大切な「顧客」だが「ファン」ではないため、かんてんぱぱガーデンを訪れて敷地内を散策し、同社製品を試食してもらうことで消費者との間に「顔の見える関係」を作り、本当のファンになってもらうことが目的だ。かんてんぱぱガーデンは、本書で扱う企業博物館とはやや趣が異なるかもしれないが、「顧客」から「ファン」へと、その違いを生み出すインターフェースになる施設への期待は、企業博物館を語るうえで1つのカギになる。日用品や食品など日々の身近な商品を提供する会社なら、ファンになってもらえれば同じ商品や関連する商品を続けて購入してもらうことも期待できる。たとえ商品を買わなくても、その会社にいいイメージをもっていたり、信頼を置いていたりというベーシックな親近感をもたれることは緩やかな支援を獲得する可能性があり、企業の危機管理にも通じる。

　一般の消費者を顧客対象にしていない企業は、顧客や株主以外の人と接触する機会が限られている。だがそのような企業であっても、企業博物館を接点としてファンづくりやブランド力の向上を目指すことができる。重工業企業などはその企業の製品を一般消費者が直接手に取る機会はなくても、ランドマークや船、大規模なトンネルや橋などを手がけることもあるから、そうした実績の情報が伝われば「ああ、あれを作った会社なのか」と製品と企業を関連づけてもらえることになり、社名が記憶され好印象をもって受け入れ

られることが期待できる。特に橋や船舶、発電タービンなどを作る重工業分野の商品は、生活空間では目につきにくく、いわば「縁の下の力持ち」「黒子」に近い存在で、技術、商品ともにそのままではブランディングやPRとして機能しづらい。そのため、業績の見える化や親しみやすさなどの工夫を施して多数の人にわかりやすく意義を伝えることが求められる。一般の消費者・生活者の環境や安全への意識が高まっている今日、環境技術や安全を確保するシステムなどの意義や、自社の技術の高さをわかりやすく伝えることが企業イメージの向上に貢献するだろう。例えば、カワサキワールドでは、ニッケル水素蓄電池で走る環境配慮型の電車「SWIMO」の展示などを通じて、同社がもつ環境技術の高さを示していて、現場では黒子だった技術が展示室では「主役」になることが、ブランディングの重要な役割を果たしていると白石は分析している。

　PRというと、一般的には商品を売るための直接的な広報＝宣伝と思われがちだ。だがPRとはパブリック・リレーションズ（Public Relations）のことであって、もともとは、組織とその組織を取り巻く人間（個人・集団・社会）との望ましい関係を作り出すための考え方や行動のことである。そのような意味でPRをとらえれば、企業博物館は取引先や消費者、地域社会とのよりよい関係を作るパブリック・リレーションズへの配慮の一環という側面がある。かんてんぱぱガーデンもカワサキワールドも、商品を買うことを目的としていない人が施設に訪れてスタッフと関わるうちに、訪問の前とは異なる印象、情報、体験にふれて関係が構築されていくことは想像にかたくない。

2-4　BtoB企業にとっては一般社会との接点

　カワサキワールドを運営する川崎重工業コーポレートコミュニケーション部の責任者である鳥居敬は、BtoB企業である自社ならびに業態が近い三菱重工業が運営する三菱みなとみらい技術館を題材にして、企業博物館がコーポレート・コミュニケーションのツールの1つとして発揮する効果を論文のなかで検討している。[(9)]家電や洗剤、衣料品メーカーなどの一般の消費者を対象にしている企業は、BtoC（Business to Customer）企業と呼ばれる。一般

に BtoC 企業は多くの人々に商品の魅力を伝えるため、マスメディアを通じて CM を発信するなどさまざまな宣伝活動をおこなう。何より店頭で商品を手に取る機会が多いため、知名度の高さが売り上げに密接に関係する。それに対して BtoB 企業は、造るものも鉄道の車両や船舶、橋梁やプラントなどの重工業分野や、歯車、ねじ、ばね、半導体や電子部品など製品の部材であり、取引先は企業である。このため BtoB 企業の商品購入の判断は、企業イメージや嗜好性とは関係なく企業の要望に応じて合理的におこなわれる。一般の人にはあまり知名度が高くない場合も多い。

　このような会社での企業博物館のコミュニケーションの効果について検討するため、鳥居はコーポレート・コミュニケーションのメディアを、パブリシティー、広告、E メール、カタログ、見本市・展示会、販売促進、対面営業、企業博物館と設定し、それぞれのツールが、対象者に対して6つの購買ステージ（認知、知識、態度、選考、説得、購買）で効果を発揮しうるかを調べ、企業博物館がコミュニケーション・メディアとしてどのように機能するかを考察した。

　各コミュニケーション・メディアが6つの購買ステージのどの段階に影響を及ぼしたかという結果を、表2-1に示した。認知から購買までの定義はその下の表に補足している。

　鳥居は、企業博物館は購買ステージの6段階のうち「選考」を除く5段階で有効であるという結論を報告している。商品を売ることを目的にしたときには、企業博物館が発揮する効果は限定的で、実際の購買決断のためには販売促進や対面営業が必要という結果は納得がいく。船舶やプラントなど大型で高額、長期にわたって使用する商品にはより高い信頼が必要であり、購入するのであれば、より詳しく話を聞き吟味したうえで決定するからである。ただ、この結果で興味深いのは、企業博物館が、限定的な項目を含むとはいえ、パブリシティーや広告、対面営業までのさまざまな段階をカバーするコミュニケーション・ツールとして有効であると示されたことだ。認知から購買までのさまざまなステージの定義で、鳥居は「ものづくりに興味ない人が……」という前提をおいたうえで分析している。ものづくりに興味がない、製品を知らない人が企業博物館に来館することで、おもしろいと思ったり、わかりやすいと感じたり、夢や未来を感じたりする。パブリシティーや広告や見本市などは、それぞれの段階で特定の効果が認められるが、それとは違

表2-1　BtoB領域のコミュニケーション・メディア

目的	認知	知識	態度	選考	説得	購買
パブリシティー	○					
広告	○	○	○			
Eメール	○	○	○			
カタログ			○	○	○	
見本市・展示会				○	○	
販売促進				○	○	
対面営業					○	○
企業博物館	○	○	○*		○	○*

用語の定義

認知	ものづくりに興味ない人がおもしろいと思う／製品を知らない人がおもしろいと思う
知識	ものづくりに興味ない人がわかりやすいと思う／博物館を知らない人がおもしろいと思う／博物館を知らない人が夢や未来を感じる
態度	ものづくりに興味ない人がまた来たいと思う／社名を知らない人が詳しく知りたいと思う
選考	社名を知らない人が製品を利用したいと思う／社名を知らない人が役に立っていると思う／社名を知らない人が成長を期待する
説得	ものづくりに興味ない人が役に立っていると思う／社名を知らない人が役に立っていると思う／社名を知らない人が成長を期待する
購買	製品を知らない人が製品を利用したいと思う／製品を知らない人が製品を勧められると思う

＊効果は限定的
（出典：鳥居敬「BtoB製造業のコーポレート・コミュニケーションにおける企業博物館の有効性」「BtoBコミュニケーション」2013年3月号、日本BtoB広告協会）

って企業博物館のある種の「守備範囲の広さ」がわかる結果になっている。BtoB企業の購買担当者だけでなく、技術に特に興味をもたない人も含めた一般の人とのコミュニケーションのツールとして有効であることが可視化されたといえる。

　BtoB企業にとっても、一般の人からの認知は必要だ。より多くの情報を幅広いステークホルダーに効果的に伝達したいBtoB企業にとっては、企業博物館は多くの目的を1つの施設で担える存在だといえるだろう。その幅広い機能から、企業博物館はBtoB製造業にとって、さまざまなステークホルダーとの良好な関係を構築するための有効なコーポレート・コミュニケーシ

ョンの手段であると鳥居は述べている。認知から購買に至るまでのステージでの効果の測定は、企業博物館の活用の幅の広がりを予見させるものであり、それまでの企業博物館研究にはみられなかったものだ。ただし、「ものづくりに興味がない人」が、船舶や鉄道車両、発電プラントなどの同社の製品の購買を検討することはないだろう。購買を検討するような潜在的な顧客が企業博物館を利用する場合については、話は別になる。例えば川崎重工業なら、まずはカワサキワールドで展示資料から同社の来歴や実績の情報を知り、「認知」や「知識」を得て、販売促進や対面営業での現在の製品の具体的な説明と合わせて企業博物館が「説得」の部分で機能する。最終的に「購買」に至る場面では、対面営業にウエートが置かれるが、ここで企業博物館が醸す信頼感や多くの実績を提示するという展示表現の効果が後押しする、ということを鳥居は表現したかったのかもしれない。

　一般の人々からBtoB企業の直接的な顧客になりうる相手まで、幅広いステークホルダーに対して企業博物館がコミュニケーション・ツールとして機能しうるということは、企業博物館の機能を考えるうえで大切な視点である。

2-5　企業のアーカイブズとしての機能

　ここまで企業博物館についていくつかの役割や効果を検討したが、企業博物館の最も博物館的な面として挙げられるのは、企業の歴史や製品を分野ごと、時代ごとに整理してその変遷を可視化する展示である。それはすなわち、企業にとっての過去の史料を保存するアーカイブズである。

　企業が自社の歴史を記し残す方法の1つに、社史がある。社史は、多くの場合非売品として発行され頒布先も社員や顧客・株主などに限られているため、書店で扱われることはほとんどなく、特定の図書館や経営などを研究する大学の図書館に所蔵されていることが多い。図書館の例を挙げると神奈川県立川崎図書館が有名で、およそ2万冊の社史を所蔵していて、開架で閲覧することができる。

　社史というと単に会社の記録を残すことだけが目的のように感じるかもしれない。だが、社史は企業の今後に有益な情報や効果をもたらす可能性も含んでいると松崎裕子は述べている。[10] 新しい発想、新しい商品、新しい技術は

いきなりポン！と降ってくるわけではなく、過去の蓄積を参考にしたり、発想のヒントにしたり、発想と発想を組み合わせたりといった思考のなかから生まれてくる。そのため、過去の情報が整理されていつでも見たり触れたりできるように整っているかどうかは、新たな発想が生み出される可能性にも影響を及ぼす。

　実際、企業博物館は、企業が開発・製造・販売などをした製品や、企業活動を記した文書などを保管するアーカイブズの役割も担っている。これは、一般の博物館の収集・保存の部分に近い。そして、企業は、それらを単に企業の歴史的記録として保管するだけではなく、意味あるアーカイブズとして活用すれば多くの効用や目的を見いだすことが可能だ。そうすることで、企業史料を組織の業務に貢献し経営に資するものとしてとらえることができるのである。

　アーカイブズを検討することで過去の技術開発に投入されたことを発見、認識したり、アイデアとしてはあったもののその当時は実現しなかった技術を、現在の技術や社会の需要に照らして具現化できるかもしれない。こうした情報を軸に議論を展開していくなかで、新規開発の具体的なアイデアが芽生えることもあるだろう。その可能性を高めるのは、アーカイブズが整理されていること、そしてその場に身を置いて刺激を受けたり、思考が活性化したりする雰囲気が用意されていることである。松崎は、企業博物館の保有する多くの資料が、現在の従業員にとって知識や技術、情報の伝達という面で重要だとして、一般に公開する社会貢献活動ととらえるだけでなく、組織能力を高めたりイノベーションを生み出したりする新たな知識の結合の場としてとらえることの意義を強調している。

　村橋勝子によれば、企業が社史を作る際に読み手として最も意識しているのは自社の従業員であり、社史のまえがきには、そのときの社員もしくは将来の社員に向けてのメッセージや、経営者が勉強のために多くの社史を読む姿勢を表すメッセージ、また、自らの経営姿勢や教訓を社史から得たというエピソードを紹介しているものがあるという。企業博物館は、技術的資料を残すことで将来の技術開発の源となり、それらの資料を扱うことを通して従業員が交流し、経営理念や企業文化を通じた価値観を共有するための場としての意義がある。企業博物館が、社会貢献、CSR、慈善活動といった枠を超えて、より戦略的な活動に資するのである。

企業博物館の資料やアーカイブズが新たなアイデアを生み出し、新規開発につながるという発想は、一般に公立の博物館が古いものを集めて保管する施設であるというイメージとは対照的で、積極的かつ未来志向的である。実際、社史などの企業アーカイブズについての論考では、企業の資料は単なる歴史的記録としてではなく、組織の業務に貢献し、経営に資するものだという考え方が多く示されている。社史は基本的に文書による記録だが、博物館で目にする実際に使用された実物の迫力は、文書にはない情報を伝えるだろう。それらの資料からは多くの効用を見いだすことができるはずだ。そして、長年の使用に関わる痕跡は、かつての技能者が伝える無形情報として、文字によって記録可能な部分とそうでない部分を含んでいるはずだ。文書による記録と実物の保存は、企業博物館のアーカイブズ機能と位置づけられる。アーカイブズを残すことそれ自体が企業の技術開発や新規性を支えることに強く結び付いている。

2-6　自社の社員と事業に貢献する存在

　企業博物館を見学していると、リクルートスーツの集団を見かけることがある。十数人程度がまとまって案内者の説明を聞いていることから、内定者か新入社員の研修のようだ。
　企業博物館は、社員教育という役割も担っている。特に新入社員にとっては、自分がこれから属する会社が何を作っているのか、何を作ってきたのかは知っておくべきことであり、会社の歴史を知るツールとして企業博物館は最適だろう。創業者の志、発明した製品の数々、製品の背景にある考え方や、製品が世の中にどのように受け入れられ、そのことで社会がどう変わったのかなどを一通り学習するには、それらが展示としてまとまっている企業博物館は使いやすい。自社の製品やパネル、音声、動画などがあれば情報に厚みが増す。企業博物館を設置・運営している企業が、新入社員教育に施設を活用するという話は第3章で後述するインタビューでもたびたび聞かれた。
　従業員だけではなく、来館するすべての人にとって、その企業が開発・製造してきた品々を直接見ることができる機会は、得がたいものである。しかも、それらの資料が時系列やカテゴリー別に整理され、充実していることが

その魅力を高めることにもつながっていく。資料の充実はすなわち、企業の
アーカイブズを整えることにほかならない。

　また、企業博物館は会社の情報を社員に「教える」だけではない効果が期
待できる。歴史的な事実だけではなく、自社のブランド価値や評価を高める
ために従業員らの自主的な努力や価値観の共有などを促したり、目指すべき
方向性や価値観を示したり、従業員に考えさせたりする装置としても機能す
る。少なくとも、企業は新入社員には自社の社員になったことの誇りを感じ
てもらいたいと考えているはずだ。企業博物館には製品やエピソードなどの
具体的な例が詰まっている。先輩の仕事ぶりを想像し、実際にモノを見て技
術力を確認することで刺激を受けることもあるだろう。そのような経験を通
して士気を高める効用もある。

　これらを「自己肯定感」や「内的動機」と表現したのは、高柳直弥である。[12]
高柳は、企業が社員の育成や士気の向上などを目的として、企業として目指
すべき方向性や価値観を従業員に教育および啓発する活動をインターナル・
ブランディングと呼び、そこでは企業博物館が効果を発揮するという考えを
示している。前項で述べた会社のアーカイブズの機能が、社員教育だけでは
なく社員自身のアイデンティティーの形成にも影響を及ぼす。高柳は企業博
物館が企業のコミュニケーションの道具であると同時に顧客に財やサービス
を提供しうる組織体であることを示し、企業博物館がもつ社会サービスと営
利活動の境界線の不確かさを明示した。[13]

　そしてまた、企業の社員同士の知的交流に資する企業博物館の姿を提示し
ている。現在、特にものづくりをおこなう大企業では分業が進み、社員であ
っても自分と異なる部署の業務については知識がない場合も少なくない。所
属する事業の専門性を高めるだけではなく、1つの会社に所属するメンバー
として他部署の業務を理解することも重要で、そこに新たなイノベーション
の土壌が存在する可能性も否定できない。また、外部から社業について問わ
れたときにも、所属部署以外のことは全く知らないということでは会社の信
用に関わるだけでなく、事業の機会を逸する可能性もあるだろう。従業員同
士の知識の結合には、従業員が交流する場が必要なだけでなく、経営理念や
企業文化を通じた価値観の共有が重要になる。

2-7　企業博物館は新たな商品やサービスを生み出せるのか

　古くて役に立たないものを「博物館行き」と揶揄する慣用句には、博物館には古いものが集められているというだけでなく、「古いものは古いものとして見てもらう以外に役に立つ道はない」という意味が含まれているように思う。一方で、企業は常に新しい製品やサービスを生み出して価値を創造する存在でもあり、世界中を相手に技術開発をする企業や技術者であれば、過去のものにこだわるのはマイナスであるかのように思えるのも無理はないだろう。

　だがその企業博物館が、組織能力やイノベーションを生み出す新たな知識の結合の場であるというとらえ方も示されている。博物館がもつ多くの過去の資料や展示物は現在の従業員に知識や技術、情報をもたらす。従業員は企業博物館で企業の歴史にふれることで、仕事に対するプライドや仲間と協働する意欲を獲得する。過去について学ぶだけでなく、その場に行って何らかの刺激を受けることで将来の価値を生み出す可能性がある。

　堀江浩司は、ファッションブランド ISSEY MIYAKE を例に挙げている。若手クリエイターはデザインに行き詰まると1970年代から保存されているアーカイブズに赴き過去の作品にヒントを求めるという。このアーカイブズでは、過去の作品、試作、製品を整理・保存していて、資料室と企業博物館を兼ねた施設になっている[14]、というのである。

　私は、これと同様の見解を、資生堂が運営する資生堂企業資料館（静岡県掛川市）で聞いた。資生堂企業資料館には、創業時からの製品だけではなく、宣伝用のポスター、ノベルティーグッズもすべて保存されている。一般にも公開されているが、全国の、そして海外の社員も積極的に訪れて、資生堂の「ミーム」を感じる場所として機能している。新しいアイデアを考えるときに、展示や収蔵資料を見てイマジネーションを膨らませることも少なくないという。

2-8　企業博物館は「神殿」なのか

　企業の社会貢献活動のツールとして、宣伝方法の1つとして、社員の成長に関わる場として、そしてもちろん企業史料の保存の場として、さまざまな機能をもつ企業博物館という「装置」。公共的な施設であり、地域のランドマークでもあり、コーポレート・コミュニケーションの道具であると同時に、PRも排除しない。ここまでの考察から、企業が運営している「博物館」の、社会サービスと営利活動の境界線の不確かさが浮かび上がった。多くのステークホルダーに効果的にリーチしたいという企業の意識の投影によって「博物館のような」姿に至ったという流れもうっすらとみえてくる。社員教育にも活用できるだけではなく、社員の心の動き、すなわち士気の向上やアイデンティティーの形成にも影響しうる存在であるという報告もあるし、さらに組織能力やイノベーションを生み出す新たな知識の結合の場というとらえ方も登場している。企業博物館がもつ多くの過去の資料や展示物が現在の従業員に知識や技術、情報をもたらして知識の結合の場として機能し、仕事に対するプライドや仲間と協働する意識も醸成される。そうした緩やかな効果の先に、新たな価値を生み出す可能性があるというのである。

　企業博物館の設立の背景には企業の周年事業が関係していることが少なくない。創業50年、100年といった節目に企業博物館の設立を通して自社の姿を内外に示すのである。社内・社外の隔てなく誰でも利用でき、企業はその場を使ってさまざまなイベントが展開できる。その営みを通して、外部に周知するマーケティング、自身の存在を印象づけるブランディングも可能にする。

　ここまでみてきていえるのは、企業博物館と呼ばれている施設は、その呼称が表現するよりもずっと多機能だということである。そして、それらの機能は単独でしか成立しないというものではなく、複数の機能が共存し、しかも自己矛盾を起こしていない。では、企業博物館の実態を表すためには、どのような表現が適切なのだろうか。

　「企業博物館を何か別のものに例えるとしたら神殿が最も近いものではないかと思う」。こう述べたのは中牧弘允と日置弘一郎である。なるほど、輝か

しい実績や創業者への尊敬、それらの情報にふれた人の心の動き、ありがたみ、これらを表す「神殿」という表現は仰々しいが魅力的だ。中牧はその意味を、「企業博物館を会社の神聖化装置として見ている。企業博物館には、企業理念も企業文化も神聖化がほどこされている」⁽¹⁵⁾と語っている。施設のなかにはその企業の製品や歴史の展示があるが、それらの展示資料だけではなく、組織体に宿る精神性を扱い、宗教的・土着的な雰囲気をまとって、組織体の構成員の意識にはたらきかける施設であるという視点が読み取れる。

中牧と日置は企業博物館を神殿に例えた意味について説明している。

神殿は聖なる価値をもつものを据える空間であり、これを企業博物館に置き換えて、企業博物館は会社が最も大切にしているものを並べる施設だと述べる。大切にしているものとは、最近のヒット商品、最新のモデル製品、1号機や初代工場の写真や模型、最新式製造過程の解説パネルやVR装置、創業者の肉筆や肉声、創業当時の幹部や歴代社長のプロフィル、社是・社訓の紹介、表彰状やトロフィー、それに創業者の銅像などであり、資料の価値を増幅する演出や配置が、ひそかに、しかし至るところになされている。日本では企業博物館の神々は創業者を筆頭に代々継承される先祖祭祀の趣で表現されているというのである。⁽¹⁶⁾

多くの企業博物館では、上記にあるとおりのものにふれる機会が提供されている。創業者の志は、「世の中の人のために役に立つ製品を開発する」「誠実なものづくりをする」など、なるほどひとかどの人物の言うことは違う、と思わせるものである。会社が製作した1号機、もしくは国産初の製品であれば「この製品の開発から技術が進み、社会が変わるきっかけになった」と歴史のエポックとして印象的に受け止められるだろう。なるほど、神殿とは「言い得て妙」であり、企業博物館をひとことで言い表しているようにも思える。

だが、「別のものに例えるとしたら」「近いものではないかと思う」など、中牧らの言葉遣いは慎重だ。そして中牧らはこうも言う。「企業博物館が神殿に例えられ、至高の価値が会社の先祖やその事業に付与されるとしても、企業博物館が全体として何を目的として設立されているのかという疑問には十分に答えたことにならない」⁽¹⁷⁾と。そしてそれは、製品のPRや企業理念の啓蒙を複雑多岐におこなっているからだとも述べている。中牧らが例示した「オリンポスの神殿にまつられたミューズの女神たちは、アポロンの竪琴に

あわせて歌舞を演じ、神々をおおいにたのしませたとされる。ゼウスの子である九人の姉妹ミューズたちは、それぞれ、歴史、抒情詩、喜劇、悲劇、舞踏、恋愛詩、讃歌、天文学、叙事詩の守護神とみなされ、この世の詩人たちはミューズたちの霊感を受け、詩作活動にはげんだという」という部分を企業の業務になぞらえて、「従業員たちは創業者の薫陶に従って、開発、生産、販売に励み、人々はそこに集まりレクチャーやワークショップで理念にふれ、未来の技術開発に励む」としていいものだろうか。そのように分析することが、企業博物館の理解につながっていくのだろうか。「神殿」という例えには、そう言われれば「そうだ、そうかもしれない」と納得する力強さは確かにある。これはむしろ、人の心の動きに影響をもたらす多くの作用の緩やかな総体として、神聖化装置という概念を導入したことで、結果的に明確な機能の線引きがしづらい企業博物館の実態を表現したことになるのではないだろうか。中牧らの、企業博物館がいまここに存在している姿を「神殿」に例えたのであって、それが当初の目的だったかどうかというのとは別の問題だという考え方には同意する。「神殿」という例えは企業博物館の姿を言い表すにはとても魅力的だ。だが、企業博物館がもつ多くの要素を個々に分析するのには不向きなのではないかと私は感じている。

「神殿」は懐が深い言葉だ。だがこれは企業博物館に特有のことなのだろうか。公立博物館は、神殿的要素が排除されているのだろうか。もちろん、博物館法などの公式なレギュレーションでは、神殿といった用語は使われていない。しかし、博物館は共同体の歴史、文化、伝統を反映し、人々の「宝」を集約した場である。国の伝統文化を扱い、人々に畏敬の念を抱かせたり、国としての一体感やアイデンティティーに影響しないとはいえない。企業博物館は、創業者が明確であるため「ご神体」に見立てるものを特定しやすい。また、公立博物館に比べて抑制の度合いも少なくてすむかもしれない。それゆえ「神殿」が企業博物館を語るための特有の概念なのかどうかを見定めるには、さらに企業博物館について検討する必要を感じるのである。

注

（1）髙柳直弥「「企業博物館」の成立と普及に関する考察 —— 欧米からの
　　　“Corporate Museum” 論の移入を中心に」「大阪市大論集」第128号、大阪市

　　　立大学大学院経済・経営学研究会、2011年、57ページ
（2）　前掲「座談会 文化貢献活動を担う企業博物館」9ページ
（3）　前掲『企業博物館』39ページ
（4）　前掲「企業ミュージアムにおける基本的性質の分析」142ページ
（5）　高柳直弥「企業のコミュニティ・リレーションズにおける企業博物館の活
　　　用に関する考察」、学会誌委員会編「広報研究」第19号、日本広報学会、
　　　2015年、43ページ
（6）　堀江浩司「企業博物館と競争優位」、広島経済大学経済学会編「広島経済大
　　　学経済研究論集」第38号、広島経済大学経済学会、2015年、38ページ
（7）　宗村泉「月例懇話会報告 生業文化を考える 印刷博物館設立と運営そして
　　　目指すもの」、情報知識学会編「情報知識学会誌」第17巻第3号、情報知識
　　　学会、2007年、187ページ
（8）　白石弘幸『脱コモディティへのブランディング──企業ミュージアム・情
　　　報倫理と「彫り込まれた」消費』創成社、2016年、199ページ
（9）　鳥居敬「BtoB 製造業のコーポレート・コミュニケーションにおける企業博
　　　物館の有効性」神戸大学大学院経営学研究科修士論文、2012年、41ページ
（10）　松崎裕子「資産としてのビジネスアーカイブズ──付加価値を生み出す
　　　活用の必要性と課題」「情報の科学と技術」第62巻第10号、情報科学技術協
　　　会、2012年、423ページ
（11）　村橋勝子『社史の研究』ダイヤモンド社、2002年
（12）　高柳直弥「企業のコミュニケーション活動の調和とインターナル・ブラ
　　　ンディング型の企業博物館運営」「豊橋創造大学紀要」第21号、豊橋創造大
　　　学、2017年、4ページ
（13）　高柳直弥／粟津重光「日本における企業博物館の運営に関する実態調
　　　査」「豊橋創造大学紀要」第22号、豊橋創造大学、2018年、1-18ページ
（14）　前掲「企業博物館と競争優位」44ページ
（15）　中牧弘允「会社の神殿としての企業博物館──序論をかねて」、中牧弘允
　　　／日置弘一郎編『企業博物館の経営人類学』所収、東方出版、2003年、16
　　　ページ
（16）　同論文22ページ
（17）　同論文23ページ
（18）　同論文22ページ

第3章　企業はなぜ企業博物館を
作るのか

3-1　取材で見えてきた企業博物館の姿

　企業博物館は公立博物館とは異なり、「博物館」としてだけではない機能が期待されている。ここまでにみてきた研究には具体的な機能についての言及もあったが、その範囲は広く、企業博物館は「神殿」に例えられるという見解もあった。それらの見解に納得する部分もあったが、企業はどのような目的で博物館によく似た施設を設置しているのか、その施設を使って何を実現しようとしているのかを知るためには、企業に直接聞いて、施設そのものを見ないことには始まらないだろう。

　では、数ある企業博物館のなかで、どのような施設を運営している、どのような業種の会社を取材すればいいのだろうか。ここで、企業博物館の全体像を把握するために取捨選択できるのか、という調査の現実的な課題に向き合うことになった。通常、複数ある取材対象から取材先を選ぶには、特徴的でバランスがよく、過不足なく幅広い思考ができる合理的な選択をしたいと考える。そのためには、業種、規模、展示内容など広く情報を集めたい。だが、理工系博物館を集めたウェブサイト、企業博物館事典、さらには自治体ウェブサイトの観光施設紹介のページなど思いつくかぎりの情報にあたってみたものの、どれも十分なリストとは思えなかった。それならばと、細かいことはともかく気になる施設にアプローチしてみることにした。その際、おおよそ以下のような条件を設定した。

・母体企業がものづくりに関係する事業をしている施設
・学習や観光に広く活用され、注目度・認知度が高いと思われる施設

・BtoB 事業に携わり、一般の人はその事業になじみが薄いと思われる施設
・調査の過程で知りえた、希少性などに特徴があると思われる施設

　こうしてピックアップした企業に、まずはインタビューをおこなうことにした。施設を設置・運営している目的は何か、展示の内容はどのようなもので、誰を対象にしているのか。そして施設運営のための予算は会社の業績の影響を受けるのか、施設運営の意思決定はどの部署がおこなうのか。企業経営の視点からの回答が得られるよう、施設の実務担当者ではなく、設置や運営を担当する部署の担当者か、それに準じる立場の職員に対応してもらえるよう依頼した。
　インタビューの結果は、少し長いができるだけニュートラルに記載していく。以降の記録は、最初に挙げた取材対象の条件4つのいずれかから選択した企業とその施設に関するものである。企業の業種や展示に関連して4グループに分けているが、調査のときにあらかじめグループ分けしたものではない。しかし、さまざまな業種があるなかで会社の生業や読者があらかじめもっている会社のイメージとマッチングして読んでいただけるよう、「一般向けの商品も扱う有名企業」「重工業」「一般消費者との関わりが少ない、機械部品や測定機器メーカー」「消費者が直接買うことはないが、日常的に製品に接することがある企業」に分けた。
　活動や展示の内容、所在地、名称は取材時点のものである。

3-2　一般向けの商品も扱う有名企業は何を見せてくれるのか

　まずは、誰もがよく知っている企業が運営している施設を挙げる。家電やカメラなど一般向けの商品を製造・販売し、テレビの CM でも企業名を聞く機会が多く、町中にも大きな看板が掲示されているような会社は、どんな企業博物館を作っているのだろうか。

3-2-1　東芝未来科学館

　　設置・運営：東芝
　　所在地：神奈川県川崎市幸区堀川町72-34

JR川崎駅の中央改札を出て西側に歩いていくとすぐに大型商業施設の入り口があり、多くの買い物客が行き来している。その入り口の少し手前に「東芝未来科学館」を示す案内板が目に入る。案内板の矢印に従って屋根付きの通路を数十メートルほど行くと、東芝未来科学館の入り口がある。JRの主要駅に直結していてアクセスがいい企業博物館である。

　かつては、この位置から1キロほど離れた同社の中央研究所（川崎市幸区小向、現・東芝研究開発センター）の敷地内に「東芝科学館」が設置されていて、年間を通じて来館者を受け入れ、夏休みの科学教室なども開催していた。東芝科学館へはバスを使って行かなければならなかったが、現在の場所に社屋の一部が引っ越し、同じ建物内に東芝未来科学館としてリニューアルオープンした。2014年1月31日のことである。

　正面の受付を通り館内に入ると、広々とした空間に体験型展示の大きなモニター画面や実験ショーなどをおこなうステージがあり、雰囲気や照明もテクノロジーにふれられる予感を感じさせてくれる魅力的な空間だ。この施設は、ヒストリーゾーン、フューチャーゾーン、サイエンスゾーンという大きく分けて3つのゾーンで構成されている。

　ヒストリーゾーンはその名のとおり会社の歴史を示すコーナーで、「創業者の部屋」と同社の「1号機ものがたり」の展示がある。同社には、田中久重と藤岡市助という2人の創業者がいる。その1人である田中久重は江戸時代後期から明治にかけて活躍した発明家で、幼いころから新しいからくり人形の仕掛けを考案して「からくり儀右衛門（儀右衛門は久重の幼名）」の異名を取った。現在でもからくり人形の最高傑作といわれる「弓曳童子」や「文字書き人形」を発明した人物だ。「創業者の部屋」では田中が発明したからくり人形や、後年に発明した「万年時計（万年自鳴鐘）」を見ることができる。

　もう1人の創業者である藤岡市助は、日本で初めてアーク灯を製造したほか、ラジオ用送信機の開発など、日本に電球を普及させた「日本のエジソン」とも称される人物である。「創業者の部屋」には藤岡が発明した竹フィラメントを使った日本発の白熱電球などの展示がある。

　同社が日本で初めて開発し、売り出した家電製品は数多い。これらをまとめたのが「1号機ものがたり」の部屋である。1930年に発売した攪拌式電気洗濯機、55年に発売した電気炊飯器などが有名だが、それらを最初に開発

したというだけではなく、ここを訪れれば私たちがいまでは当たり前のように使っている家電製品の黎明期の技術とその姿を知ることができ、大人にとっても見ごたえがある。博物館的な要素も強く、産業遺産などとして機械学会、電気学会、情報処理学会などから登録を受けているもの、国立科学博物館の未来技術遺産に登録されたものも含まれている。

　次にフューチャーゾーンに目を移そう。ここではその名のとおり「フューチャー」を感じる展示が並ぶ。同社が提供する社会インフラを「まち」「家」「ヘルスケア」「じょうほう」のテーマごとに分け、技術が作る未来を感じてもらうコーナーだ。同社の事業であるエネルギーや省エネ、水、IT（半導体）の技術など多岐にわたっていて、これらをテーマにしたハンズオン要素やゲーム性があるアミューズメントのエリアである。ここは同社の製品・技術を紹介するとともに、オール東芝としてのビジョンを提示する役割もあるという。一般に、社会インフラの事業は普段の生活では意識されることが少なく、子どもはもちろん大人にとってもわかりにくい部分であることから、展示を楽しみながら滞留時間を確保して理解を深めてもらう効果があるという。

　そしてサイエンスゾーン。ここの人気コーナーは、静電気の体験だ。また、理科の基礎的な原理を学ぶことができる実験演示「サイエンスショー」を定期的におこなっている。小・中学生や家族連れを対象に、インタラクティブにコミュニケーションを取りながらおこなうサイエンスショーは人気の催しで、1回のショーは30分ほど。平日は1日3回、土・日・祝日は4回おこなわれ、小・中学校などの校外学習にも対応していて、年間1,000回以上実施している。

　東芝未来科学館では、展示以外の体験イベントや発明クラブなどもあり、大人向けには「サイエンス茶房」も実施されている。鳥笛の作り方体験などのレクチャーでは年配の方が子どもたちに教えるといったことも試みている。

　東芝はこの施設の位置づけとして、東芝のグループ経営理念「1. 人を大切にします　2. 豊かな価値を創造します　3. 社会に貢献します」に準じて、

　1. 最先端の技術、科学を体験展示する場であること。
　2. 科学技術教育への貢献──会社の事業というよりは科学技術への理解を深めていただく。CSR活動として。

3. 産業遺産の保存と展示——アーカイブズ。

の3つのミッションを掲げているという。1の「最先端の技術、科学を体験展示する場であること」は、同社が関わる技術の最先端部分を可視化してふれてもらうことを通じて、技術を理解するとともに東芝の事業への理解を増進させることが狙いだと読み取ることができるだろう。2の「科学技術教育への貢献」からは、科学技術を通じた社会貢献事業を担うための施設という位置づけであることがわかる。さらに、3の「産業遺産の保存と展示」は、産業遺産を保存して整理し後世に残す、博物館的な活動をおこなっていることを指す。東芝は、国内でも有数の歴史ある企業であり、先人の画期的な発想と発明によって始まった歴史をアーカイブする意義や責任を認識していると館長は話す。来館する子どもたちにとって、新しいことを知ったり、わかる楽しさを感じたりしてわくわくする体験の場、知的好奇心を刺激する場であってほしいというのが同館の狙いだ。

　この施設は東芝にとってどのような意味をもつのだろうか。東芝未来科学館を社内で管理するのは人事・総務部である。同館の担当者は、「通常、科学館〔企業博物館：引用者注〕というと CSR 部門や広報部門が担当部署であることが多いが、同館は人事・総務部に属している。CSR という考え方が広まる前に施設が存在していたということも関係しているのではないだろうか。現在ならこのような活動は社会貢献に含まれるため、館の活動は CSR の文脈としてとらえている」と話す。

　リニューアルオープンした2014年度の来館者は約43万人、15年度は約36万人で、旧東芝科学館の約13万人を大きく上回っている。かつては来館者の約60%が学校関係（小学校中・高学年の校外学習）の団体だったが、現在は、隣接するショッピングセンターに来るファミリー層が多くなっているのが来館者数の変化の大きな要因だと担当者は分析している。現在でも校外学習や遠足といった学校対応、幼稚園などの団体での来館は多く、官公庁などが外国要人（大使や大統領）を案内することもあり、150カ国以上から来館しているという。

　前身の東芝科学館の開館は1961年だった。企業博物館が増え始めたのが80年代と前述したが、それに比べると早い時期の開館だ。それは東芝がもつ「博物館施設」の歴史に由来するところが大きい。前年の60年、同社は

創業85周年を迎えた。このとき、「かつてのマツダ照明学校／マツダ研究所の復活を」という声が社内で上がり、計画されたのが同館である。マツダ照明学校の実績を通して、同社では技術や商品の普及、技術者の知識やスキルを向上させる教育機能、そして一般の人も入ることができ、申し込めば展示の解説を聞くこともできるショールーム機能など、いわゆる「企業博物館＋ショールーム」のイメージとスキルが蓄積されていた。このため、61年という時期に工場内に一般の人を受け入れることに抵抗がなかったのではないだろうか。

　東芝にとって東芝未来科学館とは何かと尋ねると、企業博物館はどのようにして自分たちのミッションを果たしていくか、ミッションを時代によって変えていくかなど、力点を変えていくことが重要であり、公立博物館とは抱えている課題の性質がかなり違う、という回答があった。また、同館は博物館関係者の集まりなどにも所属しているが、公立博物館が多いコミュニティーでは、企業博物館としての課題は必ずしも共通ではない、とも答えている。

　施設の機能として、顧客を案内して自社事業の紹介をしたり、自社の社員同士で交流もおこなうという。東芝には4つのカンパニーがあり、それぞれ業務の専門性が異なる。社員は現状や少し先のことには詳しいが、事業の歴史などを説明する知識は十分ではない。そこで、科学館スタッフが社員を案内することで自社の担当部署とは違う視点で会社を知ることができ、自社に関する理解が増進する。来客に対しても、会社の案内をする際には各部署の担当者よりも科学館スタッフが適している。そのように役割を分けることで自社の信用につながるなど、業務の専門性とは異なる科学館が扱う範囲の広さが生かされている。

　展示している資料のほかにも、収蔵資料が約1万点あるが、今後展示をするかどうかは未定である。展示室で見せているのは基本的に古いものと先端のもので、その途中の変遷を見せるのは難しいというのが現状だ。「1号機ものがたり」に関するもののほか、家電関係の展示が最も多いが、同社はすでに家電部門を売却したため、日々売り出される最先端の家電を見せることはできない状況で、今後、展示の力点をどこに置くかが課題だという。また大型機械などの大きい資料を展示することも難しく、写真展示にとどまっていることも課題としている。

3-2-2　ニコンミュージアム

　　設置・運営：ニコン
　　所在地：東京都港区港南2-15-3 品川インターシティC棟2階

　入り口から続くのはカメラのブラックボディーを象徴するかのような黒い壁の空間。そこに、白い光を含んだ合成石英ガラスインゴットのシンボル展示が迎える。さらに進むと、歴代のカメラが長い壁にずらりと並ぶ姿が見えてきて圧巻だ。カメラ好き、ニコンファンならずとも、高揚感とともに往年の機種に見入ってしまう。

　JR品川駅から直接つながるビル群の1つにニコン本社がある。ニコンミュージアムは、ニコン本社の受付の先を左に曲がったところに入り口があった。現在地に本社を移転した際、受付の横に天井が高くて比較的広い空間があったため、創業100周年事業の一環としてここにミュージアムを開設した。前述の東芝未来科学館と同様、JR主要駅に直結したアクセスがいい場所にあるが、このような立地の企業博物館は実は珍しい。

　冒頭の合成石英ガラスインゴットに続き、「光と精密、100年の足跡」「レンズの実験室」「映像とニコン」「産業とニコン」「バイオ・医療機器とニコン」といったコーナーのほか、映像ライブラリーも備えている。ニコン初の35ミリ判オリジナルカメラである「ニコンI型」から現在のミラーレスカメラまで、約500台のカメラと約400本のレンズが展示されている。カメラやレンズなど「ものが語る」ことを基本としていて、年代や社会状況との関連などの説明は少なめだ。展示しているもののほかに、バックヤードや工場の保管スペースに保存資料がある。また、ショールームとミュージアムの役割分担ということで、新製品などの展示は最小限にとどめている。代表的な製品や、技術的・時代的にエポックな製品（アポロ宇宙船に積み込んだカメラなど）、会社としてアピールすべきと考える製品の展示には、音声ガイドの解説が付いている。

　「産業とニコン」のコーナーは、産業分野で活躍する機器や技術の進歩に関する展示になっていて、IC（Integrated Circuit：集積回路）、LSI（Large Scale Integration：大規模集積回路）製造時の回路パターン印字に使用する半導体露光装置や、液晶テレビやスマートフォンのディスプレイを製造するFPD露

光装置などを見ることができる。測量機やエンコーダ、小さいものを拡大して寸法を測る万能投影機、光利用技術や精密技術を生かした BtoB 事業の製品も並んでいる。初期の半導体露光装置「NSR-1505G2A」は国立科学博物館による重要科学技術史資料に登録されている。

　また「バイオ・医療機器とニコン」コーナーでは、顕微鏡の進歩や、最先端の医療現場で活躍する製品などを紹介している。

　担当者は「展示では、BtoC 事業と BtoB 事業のバランスを大事にしているが、BtoB 製品は一般の来館者にはなじみがなくわかりにくい部分があるので、解説や説明にはさらに工夫が必要」であると考えている。特に、BtoB の製品には同社が初めて開発したものやニコン独自の技術が含まれているものが多く、ニコンらしさを伝えるものが多いので、BtoB 製品の見せ方は重要ととらえている。現在は数が少ない測定機や、これらに関連するBtoB の体験企画なども増やすという意向だった。

　私の興味を引いたのは、軍用光学機器として戦艦に搭載されていた直径1.5メートルの探照灯用反射鏡である。戦後、戦艦から外されて同社の旧大井第一工場（東京都品川区）に保管されていたものだというが、同社の来歴とともにかつての日本社会がどのような技術を必要としていたのか、それが戦後どのような経緯で工場に保管されたのか、想像をかきたてられた。

　来館者は、ニコンのカメラファンはもちろんのこと、就職活動中の学生も多い。外国人や、写真学校や工業高校の学生などが真剣に見学している姿も見られるという。展示の写真を撮って熱心に記録している姿も珍しくない。ニコンには古くからのコアなファンがいて、ニコンについてもカメラなどの製品についても知識をもった人たちが一定数存在する。その人たちが繰り返し来館して企画展にも必ず参加するといった様子が見られる。

　小学生などの若年層に対しては、夏休みのイベントとして工作教室を実施している。イベントは大変人気があり、募集を開始するとすぐに定員に達するという。こうした活動を通して将来のニコンファン作りを目指している。また以前からのニコンファンと同社との接点になることができる施設である。社員教育や中途採用の研修にも使用しているという。

　資料は、展示会などの際に貸し出すこともある。展示会の担当者も、ニコンの歴史的な資料を展示して魅力的なブースを作りたいという希望があり、同館が資料を提供する。運営は、コーポレート・コミュニケーション部（旧

ニコンミュージアムの「映像とニコン」の展示
写真提供：ニコンミュージアム

広報部）が担当している。

　同館は、自社の技術の変遷などを調査・確認する場所でもある。例えば、カメラの露出計と絞り連動機構の進歩などは、現物を見ながら確認するからこそメカニズムの進歩が把握できるものだ。現物がそろっているからこそ、リアリティーをもって調査できる。図面だけではわからない情報を得ることができるのは技術者にとって重要なことである。

　開館から4年間で約14万人の来館者があることから考えても、施設の存在は社会的に一定程度認められていると認識していると担当者は話す。ミュージアムの存在に関して今後は社内認知を高めることも重要だと考えている、とも付け加えた。

　同社には、製品や資料などのアーカイブズをきちんと集めて整えておかなければいけないという意識が以前からあった。それは、1992年に同社の75年史を制作したときからの課題だった。社史編纂にあたって、資料がそろっておらず収集に労力を要したことから、アーカイブズをきちんと残して後進の社員に伝えていくことが必要だという認識が生まれた。同社はもともと日

ニコンミュージアムの万能投影機
写真提供：ニコンミュージアム

本初の総合光学機器メーカーで100年余りの歴史をもつ。ニコンの歴史は日本の光学の歴史であるという自負からも、ミュージアムは必要と担当者は考えている。現在は新規参入したカメラメーカーもあるが、歴史を物語るような製品はニコンほど多くはなく、同社のミュージアムは存在価値があると考えている。

　カメラ史の研究にミュージアムが果たす役割は大きい。ニコン製カメラのボディーに使われている黒い表面処理が頑丈ではがれにくいことはよく知られているが、それがどのような技術なのか、その技術がどのように実現されていたのかについては、社内にも資料が残っていなかった。しかし、ある研究者が米軍が指定した仕様でカメラを製造したという事実を突き止めた、という逸話がある。このような歴史も社内外のニコンに関する興味や関心を背景にして、知見を呼び起こす可能性がある。

3-2-3　シチズンミュージアム

　　設置・運営：シチズン時計
　　所在地：東京都西東京市田無町6-1-12

　シチズンミュージアムは、シチズン時計本社東京事業所内、以前は工場だった場所にある。西武線田無駅から線路沿いの住宅地を8分ほど歩くと、正門が見え大きな時計のオブジェが目に入る。正門横の守衛室で入構手続きをすませ、建物内の受付に着くと、その隣がシチズンミュージアムの入り口だ。シチズンミュージアムは、非公開施設である。

　シチズン時計創業100周年記念事業として2016年に本社事業所を新築し、それと同時にシチズンミュージアムを設立した。同館の目的は、「日本を代表する精密機械加工技術をもつシチズンの歴史と技術力を社内外に発信する」ことである。非公開施設だが社内だけで使用するという雰囲気ではない。館内の展示を構成する素材や照明にも工夫がこらされていて、いかにもミュージアムといったいい雰囲気だ。まず広いカウンターの受付があり、大画面モニターの前に椅子が並べられているプロローグエリアは多目的スペースになっていて、レイアウトや照明、展示の素材など、来館者をわくわくさせるような仕上がりである。

「歴史と技術力を社内外に発信する」ことを目的としながら非公開なのはなぜだろうか。展示とその活用に関する話から紐解いていこう。同館の展示は、経営の歩み、事業の展開、技術の変遷と開発の軌跡から構成されている。展示は「会社の歴史」から始まる。「シチズン魂で綴る伝統絵巻」として、同社の創業期の3人のキーパーソンの写真と功績、それに関連する史料を示す。そして、館内の長い壁面を使った創業以来のシチズンの年表では、年代ごとに歴代の代表的な商品を見ることができる。一部の商品の発売当時のテレビコマーシャルもモニターで放映され、懐かしい時計に出合える楽しみがある。この絵巻と年表の壁は長さ24メートル。1日24時間に合わせたという、時計メーカーならではのこだわりと遊び心が楽しい。

　技術展示では「社員一人一人が時計への思いを叶えるため、自由な社風が生み出した挑戦の足跡」を展示の基本とし、「機械式時計の基本」「クオーツの基本」「パラショック」[(2)]「パラウォーター」[(3)]「エコ・ドライブ」[(4)]「電波技術」

「表面処理技術」「チタン加工技術」などのシチズンの基本技術を解説する。ここにはスイス・バーゼルで開かれる時計や宝飾時計、宝石の世界的見本市である「バーゼルワールド」に出展した展示物もある。

　多目的イベントホールエリアは、各種の会議をはじめ、講師を招いての講演会、社内およびグループ関連の技術展・デザイン展・海外（拠点）商品説明会・世界最大の宝飾と時計の見本市といわれるバーゼル展示内覧会などに使われるだけでなく、社内パーティー会場（ミュージアムパーティー）としても利用される。最近の講演会では、かつて「商品テスト」をおこなっていた月刊誌「暮しの手帖」（暮しの手帖社、1948年—）の編集者だった小樽雅章氏を招き、当時の商品テストの様子などを語ってもらったという。日々の活動に何らかの気づきや思考の広がりを与えられるような内容を心がけていて、この講演会も非公開で聴講者は社員だけだ。

　つまりここは、社員が事業の沿革を通して企業価値を認識し、矜持を高めて企業ブランドの向上を目指すための施設なのである。「社員一人一人がプレゼンター！」というスローガンに基づき、館の職員だけではなくすべての社員が展示や自社の説明ができるようになることを目指している。また、「市民に愛され親しまれるものづくり」「ものづくり＝シチズン魂（チャレンジ）」というテーマも含んでいる。

　館内には工房「レストアルーム」が設けられ（2019年6月開設）、史料である時計を可能なかぎり動態保存するための修理や保全をおこなっている。同館が保有する時計は約6,500本あるが、それらを常に動いているか、すぐに動かせる状態にする予定だ。破損したものの一部は、具体的に製品がどのように破損するのかという情報を残すため、あえて修理しないという。レストアルームには社内およびOBの技術者3人が常駐して修理に従事している。特に機械式時計については現在では技術者が少なくなっているため、レストアルームでの修理作業を通じて部品製造、組み立て、調整など各段階でのベテラン技術者の技術継承の場として機能させるという目的もある。同社の中期計画には、スマートウォッチと機械式時計の技術者養成が含まれていて、事業計画に即した技術者養成という意味合いも大きい。ミュージアムの来場者は、レストアルームでの修理作業風景を見ることができ、シチズンの姿勢を感じさせる場ともなっている。

　ライブラリーも併設されていて、1876年に発行されたスイスの貴重な書

シチズンミュージアムの館内。奥に歴史年表が見える
筆者撮影

籍など、古い資料を所蔵している。また、2017年には国立科学博物館と技術調査をおこない、昔の時計の技術を紹介した本を制作するなど、研究協力もしている。歴代のモデルなどの資料は館内で展示するだけではなく、国内営業先や展示会などの各種イベントに貸し出していて、アーカイブズとしての機能も持ち合わせている。

　この施設が「非公開」であることはすでに述べたが、社員、グループ会社社員のほかに、外部の来館者をどの範囲まで受け入れているのだろうか。これについては、購買元や販売店、広告代理店などのビジネスパートナーと説明された。マスコミの取材対応にも活用するという。つまり、同社の製品を深く理解することが必要な関係者なら利用できるということだ。また、社員の家族が訪れて技術について学ぶ機会を提供したり、高額商品のユーザーを受け入れる日も設けているという。

　館のスタッフは8人で全員が社員だが、基本的には同社の社員全員が自分の会社について説明できるようになることを目的に作られていて、さまざま

シチズンミュージアムのレストアルーム
筆者撮影

な活用ができるよう製品・資料をデータベース化して検索システムを整えている。小・中学生を対象として、多摩六都科学館と連携して時計の教室を実施した実績もあり、社会貢献的な活動にも利用している。このような活動をおこなうことで将来的には一般来館者の受け入れも検討しているものの、体制の調整が必要なためすぐに実現できる状態ではないというのが現状だ。

　もともと同社の社風は過去を振り返らないというもので、資料の保存やその発信などは積極的にしてこなかったが、ミュージアムができたことで会社の歴史、過去の製品などを振り返るいい機会になったと担当者は説明する。そして最後に、ここは、いわゆる「時計博物館」ではなく、企業のミュージアムという認識であり、博物館と企業ミュージアム、その境目がどこにあるのかを決めるのは難しいと考えている、と付け加えた。

3-2-4　ヤンマーミュージアム

　設置・運営：ヤンマーホールディングス

所在地：滋賀県長浜市三和町6-50

　「ボクの名前はヤン坊〜」で始まる、双子の男の子が登場する天気予報が記憶にある人も多いことだろう。オープニングのアニメーションに登場する双子の男の子たちの「ヤン坊・マー坊」の名前が、企業名「ヤンマー」から取られていることは説明の必要もないだろう。ヤンマーは1912年の創業以来100年余りの長い間、農機具メーカーとして日本の農業を支えてきた。農機具メーカーが天気予報のスポンサーになり、楽しげで印象的なメロディーと双子の男の子を登場させるという印象づけは、農家への訴求力も抜群だったことだろう。家が農家ではない私にとってもそのメロディーは自然と記憶に残り、農機具と天気の親和性によって農業を身近に感じさせてくれていた。この天気予報は2014年に終了しているが、いまでも何気ない瞬間にこのメロディーを口ずさんでいる人に出くわすことがある。毎日夕方に流れていた天気予報のメロディーと双子の男の子が、多くの人の記憶に刻まれていることを感じずにはいられない。

　ヤンマーミュージアムがある滋賀県長浜市は、ヤンマー創業の地である。長浜市は滋賀県の湖北地方に位置し、羽柴秀吉が最初に城を構えた地でもある。江戸時代には、北国街道や琵琶湖水運の要衝だった。明治時代の建築物も残る古い町並みを進むと、ヤンマーミュージアムがある。

　ヤンマーホールディングスは、トラクターや田植機、コンバインなどの農業機械、プレジャーボートや漁船などの船舶、船舶用エンジン、エネルギーシステム、建設機械などを製造・販売する会社で、2012年に創業100周年を迎えている。最近では燃料電池の事業も手がけている。ヤンマーミュージアムの所在地である滋賀県長浜市はヤンマーの創業者・山岡孫吉の出身地で、「ヤンマー」という社名は、山岡の「やま」と豊作の象徴でありトンボの王様といわれる「オニヤンマ」からとったものである。

　100周年の記念事業として2013年に開館したヤンマーミュージアムを訪れると、エントランスでは稲穂が風に揺れる水盤と大きなオニヤンマのオブジェが出迎える。担当者はCSR活動の一環として、また地元への感謝の意味を込めて同館を設立したと説明する。施設の目的は、1. 新しいコミュニケーションを提供する、2. 地域を活性化する、3. 観光の呼び水にする、4. 次世代教育を展開する、の4点で、地域社会を意識した目的を掲げていること

がわかる。子どもたちに本物にふれてもらい、保護者も含めて企業に対する理解を促進する狙いがあり、「かっこいいトラクターに乗りたい」というマインドを育て、自社製品だけでなく農業への関心をも喚起して、次世代の育成や認知度向上も視野に入れている。地元の長浜市と協力して長浜の魅力の発信にも協力している。

　展示には、本物の農業機械に乗る体験などがある。なかでもミニショベルカーに乗ってのボールすくい体験、ボートのシミュレーション体験が人気だ。このように、建設機械などに実際に乗車して安全に操作できる体験は子どもたちにとって、いや大人にも貴重な機会だろう。ヤンマーが運営する施設ならではの展示であり、施設の希少性にもつながっている。プレジャーボートを除けば展示された機械はほとんどが同社製品の実機で、展示用に製作したものではない。基本的に体験型のミュージアムであるため、資料の収集、保存、研究活動などはおこなっていない。

　ものづくりや加工の体験もできる。工具を操作しながらオリジナルの缶バッジ作りができるほか、屋上に設置したビオトープを、自然との共生を学び農業への興味を高めていく場として活用している。また、エンジンの仕組みを学び、分解と組み立てができるエンジンの木製模型を使用するプログラムもある。この模型はヤンマーの元従業員の手作りである。これを製作した人は資材部に在籍していたことがあり、木工加工が得意なことから、このキットを作ったという。企業のリソースを生かしたミュージアム活動といえるだろう。

　また、畑で農業体験をする参加型イベントを実施していて、より多くの人に農業に親しんでもらう機会を設けている。秋には、地域のお祭りでトラクターに荷台をつけて乗車してもらうイベントもおこなった。

　ミュージアムの来館者は、1年間に約10万人。2018年5月に累計50万人を超えた。通常、開館した年は比較的多くの人が訪れて、その後はだんだんと減っていく傾向があるが、この施設では年ごとの変動が少なくコンスタントに来館者がいる。同社ではその理由について、施設の存在が浸透してきたためだろうと分析している。年間パスポートが発行されているので、リピーターも多い。

　施設には、見学、体験、ワークショップなどの目的で親子連れや小学生、観光客が訪れるが、ママ友など保護者同士のグループがこの場を利用して交

流している姿もよく見られるという。こうした利用は会社としては当初想定していなかったが、小さい子どもをもつ地域住民が幼稚園や保育園が終わってから年間パスポートを利用して来場し、子どもを遊ばせたり、テーブルがあるスペースでお菓子を食べながらおしゃべりしたりと、地域コミュニティーのためのスペースとして活用することを、施設は歓迎している。

　もちろん、地域の人々が利用するだけではなく、社員研修でも活用している。現場を知り、顧客の生の声が聞ける貴重な場である。地域や一般の人々とのコミュニケーションを大切にする考え方には、同社のコミュニケーションの姿勢、同社を取り巻く社会環境の変化も影響している。この項の冒頭に紹介したように、同社は長年にわたって天気予報番組の提供スポンサーとして親しまれてきたが、なかには「天気予報の会社」と誤解する人もいるようで、ものづくりの会社、農業機械の会社であると発信することは重要だと考えていると担当者は話す。

　私はこの話を聞いて、時代の流れ、社会の変化を感じずにはいられなかった。以前は「天気予報の会社」というものは存在しなかった。1993年に気象業務法が大幅改正されるまでは天気予報を発信できるのは気象庁だけで、「ヤン坊マー坊天気予報」を見て天気予報の会社と勘違いすることなどありえなかったのだ。天気予報の自由化が時代の流れを表す1つのアイコンともなり、時代とともに農家の戸数や日本の農業環境、人々の農業に関わる視野も変化してきたことを思わずにはいられない。そんな時代にあってヤンマーがミュージアムという新たなコミュニケーションの手段をもつに至ったことに、深く納得した。

　2018年5月には、ヤンマーとパートナーシップ関係にあるジョンディアのトラクターなどの展示をおこなった。ジョンディアとは、アメリカに本社を置く世界最大の農業機械および建設機械メーカーであるディア＆カンパニー社が製造するトラクターなどのブランドで、緑の車体と黄色のホイール、鹿のエンブレムで知られる。ジョンディアには広大な北米大陸の農地で使用する超大型のトラクターがあり、これを輸入して乗車体験を開催した。北米大陸では人気があるメーカーで、広大な農地で緑と黄色の組み合わせを見ればすぐにジョンディア製品とわかる認知度を誇っている。アメリカやカナダでは「トラクターの絵を描いて」というと、多くの子どもが緑色で描くというエピソードもあるほどで、担当者は、子どもたちの認知や農業への関心を喚

起することは大切であり、「将来、日本の子どもがヤンマー製の赤色のトラクターを描くようになればうれしい」と話した。将来的には、ブランディング機能を強化する計画で、ミュージアムもその一環として活用していきたいと述べている。

　同館は開館5年目の2018年8月にリニューアルのためいったん閉館し、19年10月に再オープンした。開館から5年でのリニューアルはやや早いように思うが、公立館には見られない、民間企業のミュージアムならではの発想だろう。リニューアル後はコンセプトを変化させ、もう少しヤンマーのブランディング、企業のイメージづくりに軸足を置いた施設になっている。

3-3　重工業の企業博物館に特徴はあるのか

　重工業企業は、船舶や列車の車両、航空機などの大型の乗り物、橋や発電プラントなど、社会を支える製品を手がけている。19世紀後半に創業した歴史ある会社が多く、会社の歴史と日本の歴史が重なって、創業者と創業の歴史が小説や映画のテーマになることも少なくない。

　重工業企業のうち、三菱重工業、川崎重工業、IHIの博物館施設を取材した。いずれも日本を代表する企業であり、知名度は抜群だろう。だが、その製品を買うのは事業者であり一般の人ではない。そのためどんなものを造っているのか大まかなことは知っていても、具体的にどこの何を造ったのかは知らない人も多く、こうした重工業企業が社会とどうコミュニケーションをとっていくかには課題もある。こうした企業の企業博物館ではどんなものを展示し、それらをどのように見てもらいたいと思っているのだろうか。

3-3-1　三菱みなとみらい技術館

　　設置・運営：三菱重工業
　　所在地：神奈川県横浜市西区みなとみらい3-3-1 三菱重工横浜ビル

　横浜市のみなとみらい地区は、市の中心部に近い臨海エリアである。ここにはかつて三菱重工業の横浜造船所があったが、一般の人は造船所の内部をうかがい知ることはもちろん、岸壁に近づくこともできなかった。現在、造

船所は横浜製作所になって南の沿岸に移動し、みなとみらい地区はさまざまな企業や大学、美術館や商業施設などが立ち並ぶ町になっている。

　三菱重工横浜ビルの1、2階が三菱みなとみらい技術館だ。開館は1994年である。吹き抜けのエントランスエリアではHⅡ-Aロケットのレプリカを間近に見ることができるほか、受付の前から2階フロアの雰囲気が感じられて期待感が高まる。ビルの建設にあたり、横浜市と事業者とのあいだでは文化や教育など地域に貢献する施設を置くという取り決めがあり、三菱みなとみらい技術館の設置を決めたという。こうした条件に各社も対応し、周辺にはホールや美術館、他社の企業博物館などさまざまな文化施設がある。

　三菱みなとみらい技術館では先端技術を展示している。これを反映するかのように、同社は施設の目的を以下の3つとしている。

　　1. 地域の人びとへの貢献
　　2. ものづくり・先端技術の紹介
　　3. 社会教育、ブランディング、PR、社員教育、CSRの役割

　受付を入るとまずは1階の入り口近くに横浜造船所が造られた経緯やその時代の港の様子などの紹介がある。三菱重工業の始まりの部分である。最近は、横浜市民でもこの地に造船所があったことを知らない人が増えてきているそうだ。ここでは三菱重工業の造船、そして横浜港の成り立ちと発展の歴史にふれることができる。

　館内を進むと、「宇宙ゾーン」「海ゾーン」などに分かれていて、同社が取り組む技術を紹介している。例えば「宇宙ゾーン」では、三菱重工業が製造と打ち上げ輸送サービスを担うHⅡ-Aロケットの本体や、HⅡ-A、HⅡ-Bロケットのエンジンなどの実物がある。「海ゾーン」では同社が製造した有人潜水調査船「しんかい6500」の実物大分解展示を見ることができる。

　展示は企業本体が推進する事業と連動している。同社は3年ごとに事業計画を出しているが、2018年の新規事業計画に沿って展示をリニューアルしたという。新しい技術については、展示リニューアルのタイミングで事業担当者とともに展示するか否か、その方法などを相談している。例えば、以前設けていた「環境・エネルギーゾーン」は、その前の事業計画では環境ゾーンとエネルギーゾーンという別々の展示としていた。しかし最近のトレンド

では環境とエネルギーは1つのカテゴリーとして語られることが多く、この2つは不可分な領域であるという考え方から1つのゾーンにまとめた。学校でも、ひと昔前は環境問題といえばゴミ問題や地球温暖化がメインのテーマとして扱われることが多く、エネルギーとは別に語られていたが、現在は連動して学習しているようだ。社内の部署編成もそのように変わってきていることが大きく影響している。

　会社の経営状態は社内のさまざまな事業に影響を及ぼすが、ミュージアムに関しても同様で、日々の運営、活動、リニューアルの予算に影響する。展示を新しい内容に変える際には社内の理解がないと成り立たないため、社内的なニーズも十分に取り入れ、新製品や新技術について、社内から展示の希望があれば次期リニューアルの対象とする。このように、施設には会社のパブリシティーのスペースとしての機能がある。例えば、2018年現在の「交通輸送」に関する展示スペースは、以前は「建設ゾーン」という名称の橋とトンネルの展示だったが、同社では現在これらの事業はメインでおこなっていないため、展示を変更した経緯がある。「企業活動は生ものなのでミュージアムもこれに連動し新鮮さを大切にしている」と担当者は話す。

　この施設の来館者は、小学生、主に4、5年生が多いが、未就学児から一般の成人まで、幅広い世代が訪れている。学校の社会科見学・校外学習などを受け入れているほか、三菱重工業の営業担当者が顧客を案内したり、マスコミの取材に応じたりする。というのも、同社は BtoB 企業であるため、製品や技術を紹介する場合は工場などに案内しなければ見せられないという事情がある。しかしその一方で、工場で製造中の製品は別の発注者のものなので、すべてを見せられるわけではない。発電用のタービン、宇宙開発に関わるもの、潜水調査船などは、発注者以外の第三者に見せられる部分が限られてしまうなど制約も多く、見てもらいたいが見せられないというジレンマを抱えるのである。これらを補完する意味で、ミュージアムで事業活動の概要を紹介することは有効である。もちろん、新入社員、グループ社員らの社内理解のために研修にも活用する。

　話を聞いていて、展示施設の活用の幅、期待する機能が多岐にわたり、それらを自覚的に運用していることが伝わってきた。それでも私が意外に感じたのは、展示施設の目的として「ブランディング」を挙げている理由である。三菱重工業の認知度を保ち、さらに上げていくために施設を活用したい、と

三菱みなとみらい技術館エントランス
写真提供：三菱みなとみらい技術館

いうのである。日本でも有数の企業が認知度を上げたいというのはやや違和感がある。しかし担当者が言うには、一般の人にとって「三菱」というと、銀行（三菱UFJ銀行）、三菱地所、三菱商事などが想起されるそうで、三菱重工業という存在は十分に知られていないというのである。三菱グループのなかでも一般の認知度は高いほうではないととらえているようで、これがBtoB企業の難しさでもあるのだろう。認知度向上の役割も期待されているのがこの施設であり、いわゆる「歴史博物館」という位置づけではない。

　この施設の、社会貢献としての役割は大きい。設立当時の1994年は理科離れの問題が表面化しはじめたころで、子どもたちに理科や技術に興味をもってもらうきっかけとして先端技術にふれる機会を提供し、問題解決に寄与したいという意図があったという。第2章でも言及したが、社会を支える数多くの技術を提供してきた企業ならではの発言であり、施設の設置に関しては川崎重工業と同じ背景をもっている。とりわけ、航空や宇宙は人々の夢とともに語られる機会が多く、実際の機器やレプリカを間近に見られる施設はそれらを手がける企業の特徴を示すことができる。施設では、館内のイベン

ト告知チラシを市内の小学校約350校に配布して興味喚起を兼ねた広報活動
をおこなったり、近隣施設と連携してキャンペーンを実施したりすることも
あるという。また、市民マラソン大会にグッズやサービスも提供している。

　自社の技術の紹介を通して学習施設や地域連携拠点として社会貢献活動を
おこないながら、社業と連動させて認知度の向上やブランディングを目指し
ているという点が、三菱みなとみらい技術館の特徴だった。三菱重工業横浜
造船所内にあった旧横浜船渠第一号船渠、第二号船渠（それぞれ1898年、96
年竣工）は、現在は横浜市に移管されて重要文化財になっている。旧第一号
船渠は横浜みなと博物館の一部として、第二号船渠はドックヤードガーデン
としてそれぞれ市民に公開されている。

　企業史の展示施設としては、三菱重工業長崎造船所史料館があり、同社の
黎明期に使用した工作機械や同社が製造した船舶、タービンなどの歴史的な
資料を展示している。一般の人の見学、また新入社員教育で会社の歴史を伝
える際には、長崎造船所史料館が活用されているので次に紹介しよう。

3-3-2　三菱重工業長崎造船所史料館

　　設置・運営：三菱重工業
　　所在地：長崎県長崎市飽の浦町1-1

　前項で紹介した旧三菱重工業横浜造船所の第一号、第二号船渠はすでに役
割を終えているが、同時期に造られて現役で稼働している船渠がある。三菱
重工業長崎造船所内にある第三船渠である。1905年に竣工したこのドック
は、現役ながら世界遺産「明治日本の産業革命遺産」の1つになっている。
「明治日本の産業革命遺産」は全国8県にまたがる23の産業遺産群で構成さ
れるが、このうち旧木型場、占勝閣、小菅修船場跡、ジャイアント・カン
チレバークレーン、そして第三船渠の5つの資産がこの長崎造船所内にある。
第三船渠だけではなく、ジャイアント・カンチレバークレーンも、現在も稼
働している。そして、ジャイアント・カンチレバークレーンの近くにある旧
木型場の建物を活用して一般の見学者を受け入れているのが、長崎造船所史
料館である。

　木型とは、鋳物を作るための砂型を作る際に使用する、木でできた型のこ
とで、これを作る木型場は鋳物工場に併設されていた。この建物は、三菱重

工業発祥の地である長崎造船所に現存する最も古い工場建屋である。横浜の三菱みなとみらい技術館で聞いたとおり、同社の歴史を語るにふさわしい場所だ。

三菱みなとみらい技術館が先端技術を中心に紹介しているのに対し、こちらは「史料館」の名のとおり、主に同社の歴史を扱っている。ちなみに、三菱重工業には、この2施設のほかにもいくつかの展示施設がある。

史料館の建物になった旧木型場は、老朽化に伴い1984年に取り壊しの話が持ち上がった。しかし、明治期に建造されたレンガ建築物を保存すべきという当時の所長の考えによって史料館として改修され、翌年の85年に同館が開館した。この施設の目的は、自社の歴史と技術の歴史を伝えることであり、館内には三菱重工業の歴史的資料約900点が展示されている。

展示は時代に沿って13のコーナーに分かれている。日本最古の工作機械である竪削盤（国の重要文化財）や海底調査や護岸工事に使用されたイギリス製の泳気鐘、国産初の陸用蒸気タービンといった、日本の工業化の黎明期を担った機械を間近で見ることができる。

竪削盤とは、刃物を取り付けた台が上下に往復運動して金属を切削する機械である。ここに展示されているのはオランダで造られたもので、日本に現存する最古の工作機械だ。長崎造船所と下関造船所で通算100年間にわたって使用され、日本の造船業を支えた。

泳気鐘は人が2人向かい合わせに腰かけて入れる大きさの鉄製の器で、高さ約1.6メートル、肉厚5-8センチ、重さ4.5トンの鋳鉄製。天井に丸い明かり取り用の窓が10個ついていて、底はない。徳川幕府が運営していた長崎造船所の最初の工場である長崎製鉄所を建設したときに、修理船接岸用の岸壁の築造水中工事に使用されたものだ。このなかに人が入った状態で水中に沈めて調査していたことを想像すると恐ろしささえ感じるが、三菱重工業の歴史的資産であるだけでなく、江戸から明治へ、工業化に邁進した当時の技術者たちの息遣いが伝わってくるようだ。ほかにも同社が製造してきた数々の戦艦の写真資料の数には圧倒される。日本の歴史のなかで戦艦をどれだけ供給してきたのか、重工業が果たしてきた役割を感じることができる。

史料館には、このような「輝かしい歴史」だけではなく、失敗の歴史の展示もある。その1つが、試験中に事故を起こして破砕したタービンローターである。タービンローターとは、発電の際にガスや蒸気、水がもつ運動エネ

ルギー、圧力エネルギーを効率よく回転エネルギーに変換する装置で、高速で回転させることによって発電量を大きくする。1970年、高速回転の試験中に重さ50トンのタービンローターが破砕して吹き飛ぶという事故が起こった。死傷者も出た大事故だった。ここには、破砕したタービンローターのうち現場から約880メートル離れた長崎湾に落ちた重さ9トンの破片を展示している。負の歴史も隠さないという姿勢を示す資料として、また現在や未来の技術者の安全教育の一環として展示しているものだ。

　展示室の奥にある「関西電力尼崎第1発電所1号タービン」はシンボリックな展示だ。タービンの長さは建物の幅とほぼ同じで、ぴったりと収まっている。通常、タービンは発電所などに納品すると先方の会社の所有になり、メーカーに戻されることはまれだ。発電所のリプレイス（建て替え）に伴って使用を停止する時期と、史料館の開設準備が重なったことから、使用後のタービンを史料館で保管・展示することを三菱重工業から関西電力にはたらきかけ、展示が実現した。搬入はいちばん奥のコーナーの屋根を取り外す大がかりなものだったという。大型の産業機械を博物館施設などで展示する際には、タイミングと収集の強い意志が求められるという例である。

　この施設の見学には予約が必要である。というのも、施設は造船所の敷地内にあるため、構内のセキュリティーや来館者の安全確保に関わる措置が必須なのである。来館者は予約のうえ、JR長崎駅から出る史料館正面玄関行きのシャトルバスに乗車して入構する。予約時に登録した氏名と電話番号をシャトルバス乗車時に確認することで工場への入構手続きとし、団体であっても全員の名前を記録し、外国人はパスポート番号の提出も必要だ。造船所構内は撮影禁止でバスの車窓からの撮影も許可していない（史料館の外観および館内はその限りではない）という徹底ぶり。稼働中の企業の工場の管理としては当然だろう。同じ構内にある世界遺産の構成資産であるジャイアント・カンチレバークレーンは稼働資産であり、史料館の前の道路を挟んだ正面の工場も稼働中で、トラックやトレーラーが通行するため、来場者の安全の確保には特に気を使っているという。博物館の公開性と企業・工場としてのセキュリティーの両立は工夫が必要だが、史料館を公開することには意義がある。展示施設が操業中の工場内にあるという企業博物館の例はほかにもあるが、来館のしやすさと入構に関わる安全管理は各社共通の課題といえる。

　来館者は2018年の実績で約2万3,000人。地域の住民、校外学習、社会科

三菱重工業長崎造船所史料館
筆者撮影

見学、修学旅行、老人会など親睦会の旅行などの団体を受け入れている。NHK の大河ドラマ『龍馬伝』(2010年) が放送されていた年がピークで、年間約5万人から6万人の来館があったという。また世界遺産に登録された15年にも来館者が増加している。現在でも観光シーズンには大型バス2、3台ほどの大人数での来館がある。長崎市内小学校の社会科見学と、県内外を問わず修学旅行は無料で受け入れている。以前、工場見学に参加していた子どもが、成長して社員として入社してきたこともあるそうで、そういう結果につながればいいと願うのも企業博物館の意識として理解できる。子どもたちにものづくりに関心をもってもらうということも目的の1つである。

　来館者の約4分の1は社内および業務関係者で、県外のほかの事業所も研修の場として使用している。特に技術者にとっては、創業当時の技術者の苦労や志を理解するために有効な施設であると位置づけられている。世界遺産に登録された2015年7月以降は土・日・祝日も開館するようになり、地元住民や観光客も受け入れやすくなった。また、社員もそれまでは平日に顧客を案内する部門でもないかぎりここに足を運ぶことはなかったが、休日の開館が始まってからは社員が自主的に訪れたり、社員の家族も一緒に見学できる環境が整った。

三菱重工業長崎造船所史料館の泳気鐘
筆者撮影

　社内的には新入社員をはじめ、顧客、グループ会社の関係者、サプライヤーなどに対して会社の理念や製品の歴史を伝える場になっている。長崎造船所は同社発祥の地であり三菱重工業全体を知るうえでも重要な場所であることから、ほかの事業所からも研修を受け入れている。明治時代の工業化黎明期に先輩技術者が取り組んだ開発など、技術者のスピリットや会社が社会に送り出してきた製品を知ることができる。さらに、前述のタービンローターの展示でも述べたが、失敗も隠さずオープンにして原因究明と対策を徹底的におこなってきた歴史を示すことで、これらの積み重ねによってブランドが守られ、現在の三菱重工業の多岐にわたる技術が確立されてきたことを伝えている。無理難題を押しつけられてもプライドをもって開発に取り組んできた先輩たちの大変な努力とものづくり精神を、実物を通して知ることができ、「技術者とはかくあるべし」という想いを伝えられる。創業者・岩崎弥太郎の立像をはじめとして三菱グループの理念も展示・掲示している。
　運営は三菱重工業法務部で、管理は三菱重工業の施設（体育館や寮）管理

などを担うグループ会社であるMHIファシリティサービスがおこない、来館者の受け入れ業務や館内の解説などを受け持っている。館内のスタッフは10人。来館者からの質問をスタッフ間で共有するなど、解説・案内について学び合ってスキルアップを図っている。来館者の案内をしていない時間は勉強や資料整理に充てているという。

　運営予算については、会社の経営状況によって配分が変化するという事情もあるなかで予算を取って運営していかなければならず、古い建物を管理するのは難しい部分もある。しかし、予算は厳しいと言いながらも守るべきものは守るという発想で運営している。同館が「明治日本の産業革命遺産」の構成資産に認定されたことで、5年間を期限として長崎市からの補助金を受けているため、単なる企業の史料館ではなく公共の史料保存の性格を併せ持っている。企業側は世界遺産など社会の共有財産になることは歓迎しているという姿勢だ。

　公共的な活動としては、長崎の観光マップやイベントなどに情報を発信し、案内チラシも配布している。長崎の文化を学ぶ町歩きのコースに入っているほか、市内のイベントなどに資料や模型、写真、紹介ビデオなどを提供していて、これらはCSR活動としても位置づけられている。また、修学旅行や社会科見学など、史料館に来館者を受け入れること自体がCSR活動というとらえ方である。会社としてはCSRという言葉がフィーチャーされる前から、工場見学などのイベントを実施してきた。大学などの研究機関やほかの博物館からの問い合わせにも対応している。

　この史料館の機能をまとめると、企業資料の保存、博物館機能、技術者教育、PRや企業ブランドの向上（将来の人材確保、ものづくりへの興味・関心の涵養）、社員教育、社員や関係者のアイデンティティーの形成になるだろう。

3-3-3　カワサキワールド

　　設置・運営：川崎重工業
　　所在地：兵庫県神戸市中央区波止場町2-2（神戸海洋博物館内）

　神戸の港を臨むメリケンパークは人気の観光地である。海を臨む広場と神戸ポートタワーがある港湾公園に川崎重工業の企業博物館カワサキワールドがある。同館は神戸海洋博物館のなかにあるという、企業博物館としては珍

しい立地だ。神戸海洋博物館のメインエントランスを入ると、シンボル展示であるロドニー号の模型が目に入る。ロドニー号の奥には海洋博物館の展示、そしてカワサキワールドへの入り口があり、神戸海洋博物館の入館料を払えば追加料金なしで見学することができる。

　川崎重工業は、博物館施設は事業の一部であるという考え方に基づいて、企業活動の一部門としての位置づけを明確にしている。同館の最高意思決定機関は広報部門であるコーポレートコミュニケーション部であり、同館の運営管理責任を負っている。施設の目的は、川崎重工業の歴史、製品、技術を後世に伝えること、現在どんなものを社会に送り出しているのか、将来は何を提供しようとしているのかなどを、多くの人に理解してもらうことである。

　展示は川崎重工業の歴史のコーナーから始まっている。同社は1896年（明治29年）に創立し、約120年を経た歴史がある会社であるため、当時の社会状況や創業者の志とともに製品を示し、歴史パネルを展示している。このパネルに記載してある内容の出典は社史である。社史はよく読むと発見や気づきがあり、歴史を知るうえで重要だが、一般書店には出回らないものなので、これを展示に反映して多くの人と共有できるようにしたのが、この歴史コーナーである。

　前述の三菱重工業と同様 BtoB 企業であるため、最終製品と自社事業が結び付けにくいという事情がある。しかし展示を通して交通インフラや構造物（橋など）の建設の歴史をみれば、見覚えがあるものも少なくなく、社会に深く関与してきた同社の歴史を知ることができる。これらは会社の純粋な歴史資料、事業の記録として残すものであり、PR や営業とは異なるため、展示制作の際にはキャッチコピーの表現などに工夫を要したという。

　重工業の発展は、軍需産業なしには語れない。同社にも当然、戦艦や戦闘機などを造っていた歴史があり、展示には同社が製造した戦艦に関するものも含まれている。だが、カワサキワールドでは軍事関係の展示はやや抑制しているという。そのような歴史を隠すという意味ではなく、軍需産業を詳しく扱うことで、その分野に強い関心をもつ人たち、いわゆる「ミリタリーマニア」が過剰に集まることを望んでいないというのが主な理由だ。戦艦や戦闘機よりも、現在までの同社本体や技術、社会インフラ全体について知ってほしいという意図が読み取れる。

　歴史コーナーを抜けると、歴代のオートバイのコーナーがある。川崎重工

業の製品のほとんどは一般の顧客をもたない BtoB 事業だが、オートバイ事業だけは一般顧客に販売する事業（BtoC）であり（実際には同社が直接顧客に売るわけではなく、販売店に製品を卸して顧客は販売店から買う）一般の顧客と同社の距離が近い分野である。この展示は歴史車やそれらの変遷を見てもらうコーナーであり、ファンサービスのような性格をもっている。「KAWASAKI」ブランドの歴代のオートバイは、かつて話題になった憧れの車種、自身が乗っていたオートバイの思い出など、二輪車ファンやKAWASAKI ファンにはうれしいコーナーだろう。先に紹介したニコンミュージアムも同様だが、家電メーカーの博物館などで昔の家電を見ると「懐かしい」という感慨があるように、来館者の共感を呼ぶのも展示施設の機能であり、企業に対する親近感を醸す効果も期待できるとしている。川崎重工業に関しては、オートバイが川崎重工業や BtoB 事業への接続役ともいえるのではないだろうか。ここでは、緩やかな PR やコミュニケーションが期待されている。

　カワサキワールドでは、オートバイの新車発表や試乗会も開催している。一般の人がアクセスしやすく親しみやすいカワサキワールドが、オートバイだけではない BtoB 事業と顧客を結び付けることもできるだろう。これはカワサキワールドの「企画展」ではなく、あくまでイベントであり PR 活動という位置づけだ。企業博物館施設が、PR 機能をもちうるという事例である。社史に続き、オートバイの歴史、オートバイファンへのアピールがあり、これが PR へとつながっているところから、企業のアーカイブズの展示が PR につながっていくという企業博物館の姿がみえてくる。

　オートバイの歴史コーナーを過ぎると、その先には同社の事業の3つの軸である、空（ヘリコプターなど）、海（船舶）、陸（鉄道の車両）のエリアがある。新幹線の車両やヘリコプターには乗り込むこともできる。また鉄道（車両）のジオラマ、産業ロボット、映像コーナーがあり、船のレプリカに乗って正面のモニターで航海体験ができるコーナーが子どもたちに人気だ。

　従来の「博物館」にはない機能として挙げられるのは「未来」を語る部分だろう。同社は現在、水素エネルギーの活用に関する技術開発を進めている。将来、水素社会が到来するとしたら、どのように水素を作り、運び、そして使うかということなどが技術開発の課題になる。その理解促進のためにもカワサキワールドが活用できると考えている。

これらの活動から、カワサキワールドは企業博物館ではあるものの、博物館以外の要素も多いという印象である。このことについて鳥居は、「カワサキワールドは企業博物館の分類ではあるものの、「博物館か否か」といったら博物館にはあたらない」と回答し、明確に博物館との同一性を否定した。事業活動を営んでいる組織を母体にしているため、一般的な博物館とは一緒にできないというのが同社の見解だ。

　カワサキワールドの立地についてもふれておこう。企業博物館は自社の敷地内に設置されることが圧倒的に多く、本社でも工場でもほかの事業所でもない場所に置かれる例はきわめて少ない。自社の敷地内であれば不動産にかかるコストを抑えることができ、施設管理のための人の配置や移動も少なくてすむ。電力、水道などの設備も、社内の設備として管理できて効率的だ。何より、館の利用対象者に社員や顧客が含まれているなら、自社敷地内に設置したほうが使い勝手がいいともいえる。

　だがカワサキワールドは、神戸市の観光地であるメリケンパークのなかの、神戸市所有の神戸海洋博物館内にある。市民や観光客にとってアクセスがいい場所である。この場所にあることで、カワサキワールドを目的にしてはいなかった観光客などの来館も見込める。だが、川崎重工業はそのような理由でここにカワサキワールドを設置したのではなかった。公共施設の一部に民間企業の企業博物館が入ることになった背景には、神戸市の事情が大きく影響している。

　神戸海洋博物館は1987年にオープンし、95年の阪神・淡路大震災で被災した。しかし、神戸市は復興を急ぐ必要があったため、開館から10年が経過してもリニューアルの目途が立たず、来館者も減少していたという。そのころ川崎重工業は、企業博物館施設の設置場所を模索していた。そこで、神戸市との合意によって神戸海洋博物館の展示スペースの一部を活用して、2006年にカワサキワールドをオープンしたのである。それが公立館の内部に企業博物館が入るという珍しい立地の理由である。

　結果的に、既存の施設を活用し、神戸市のリニューアル費用を助けることにつながり、川崎重工業は観光の目玉エリアであるメリケンパークに企業博物館を設置することができた。そのことで神戸海洋博物館の来館者が増加したばかりでなく、観光地メリケンパークのにぎわい創出や、観光客の呼び込みの一助になっている。同社が企業博物館をアクセスがいい場所に設置でき

たと同時に、神戸市の企業としての社会貢献・地域貢献につながっている。このことは会社の認知や評価を高めることにもつながっただろう。

では企業博物館は、企業にとってごくシンプルなPR活動なのだろうか。この問いについてカワサキワールドの責任者である鳥居は「PRの一部を担うことはあるものの、「企業博物館は広告宣伝活動か」と問われると広告宣伝とはいえないというのが実務家としての実感だ」と答えている。ただし、事業活動を支援するものであることは間違いなく、さまざまな要素や活動を内包する施設であるため、はっきりとした位置づけができない場であることを示唆している。

顧客が商品を選ぶとき、カワサキワールドを訪ねて会社や技術の歴史を知ることが意思決定の一助になることもあるだろう。カワサキワールドはこのように営業活動、企業イメージの向上、社会貢献などの複合的な要素をもつ施設として柔軟に活用されていることが観測できる。

また、開設当初は意図していなかった効果として、来館者から社員や社員の家族に対して感想や敬意などが伝えられることで、社員自身の自信や自己肯定感の向上につながるという点が挙げられた。社員教育とまではいかなくても、社員のアイデンティティーに訴求する効果が認められている。

企業の展示活動には、博物館のほかにも見本市や展示会があるが、これらと企業博物館の最も大きな違いは、見本市・展示会が期間限定であるのに対し、企業博物館は常設だということである。見本市・展示会は、企業がそのときの最もアップデートされた新製品・商品を見せる機会であり、営業につなげていくという性質のものであることから、営業活動の一環として数えられ、財源は営業経費である。

同社には、製品全般を扱う「ショールーム」という位置づけの展示施設はない。同社が東京都港区お台場に設置している「Kawasaki Robostage」は、川崎重工業の製品全般を扱うショールームではなく、産業用ロボットの紹介に特化した施設で、不特定多数の人が集まる地域で、自社の事業にロボットを導入することを検討している人の目にふれるための場であり、ロボットのデモンストレーションなどもできる体験型の施設となっている。広告などで認知度を高められればいいが、産業用ロボットのような商品の場合は広告を出しても訴求力が十分ではないので、この施設をフックのような役割と位置づけて営業の一助にするという試みで、住宅設備メーカーのショールームと

は意味が異なるという。

　見本市・展示会は営業活動であり、設備投資は不要である。売りたい商品を、ニーズがあるところにミートするのが見本市・展示会であると考えれば、カワサキワールドとの性格の違いは明確である。

　カワサキワールドでは顧客サービスとしての性格が強いとも思われる歴代のオートバイの展示については、同社にしかできない博物館性を含んでいるようにもみえる。また、社史をもとにした歴史展示も、供給してきた製品とともに社会の変化や価値観の変化を映し出すものとして博物館的性格をもったもののようにみえる。その一方で、空・海・陸のコーナーは体験しながら楽しめるスペースになっていて、あえていえば「科学館的」だ。かつここは、顧客サービス、会社の PR、未来を語ることによる自社事業の紹介も含めた、企業情報の提供の場にもなっている。

　さらに、「理科離れの防止」を掲げて自社の技術の紹介に努め、それに加えて地元のにぎわい創出の一助になって神戸市に貢献している点は、CSR事業として評価することができる。このように企業博物館の多面性を体現しているといえるカワサキワールドは、この企業博物館ならではの多機能性を自覚的にとらえて運営しているようにみえる。

3-3-4　i-muse（IHI History Museum）

　　設置・運営：IHI
　　所在地：東京都江東区豊洲3-1-1　豊洲 IHI ビル1階

「旅行の会社と思われてしまうこともあるんですよね」
　意外な言葉だった。IHI といえば、国内でも有数の重工業企業である。前身である石川島造船所は1853年（嘉永6年）に創業し、2023年には創業170年を迎える。江戸時代末期、マシュー・ペリーが浦賀沖に来航した年である。経団連の会長を4期務めた土光敏夫という名物経営者を輩出し、船や橋梁を手がけてきた歴史ある企業だ。合併や改名などによって、石川島重工業、石川島播磨重工業と名前を改め、2007年から IHI という社名になっている。それが旅行会社、おそらくは H と I を含む名前の企業と間違えられるとは。しかし、これと似たような話（天気予報の会社だと思われているという）をヤンマーミュージアムでも聞いた。社会全体の企業の認知の「地図」が変わっ

てきているのだろうか。

　IHI が運営する企業博物館である i-muse（IHI History Museum）は、2006年に東京・豊洲の本社ビル竣工の際に設置した展示スペースである。本社ビルの1階エントランス内に設けられ、18年から現在のようなオープンスペースのスタイルとした。同社社員やビルの利用者が気軽に立ち寄って展示を楽しめる雰囲気だ。

「長い社の歴史のなかで挑戦してきたことや技術について知ってほしい」と、事業への理解と同社業務の認知度を高めることを目指して設立したという。豊洲地域には大手企業や大学があるほか、高層マンションなどに居住している人も多く、近くには大型ショッピングモールもある複合的なエリアである。また、ここは同社の創業の地である石川島（現在の東京都中央区佃）に近い。地域の人々とともに歩んできたという同社の歴史もあり、地元の人が豊洲の歴史と IHI との関わりを学ぶ場としても活用してほしいと考えているという。また、営業が顧客を案内する場として、さらに地方工場の従業員や新入社員の研修にも活用され、社員教育、地域貢献、そして認知度の向上に役立てることを目指している。

　主な展示は、IHI の来歴や経営者についての資料、製品などで、この地の古地図、創業者の平野富二の来歴（長崎海軍伝習所・築地活版製作所・石川島造船所を創業）、海軍からの造船所の払い下げを願い出て造船業を始めたときの嘆願書、平野富二の像、土光敏夫のパスポート、石川島造船所のジオラマ（戦前に制作したもの）、同社が製造して出光石油に納入した出光丸の模型、タグボートのスクリュー、東京駅の鉄骨模型などがある。これら展示のラインアップを見ただけでも、江戸時代から明治へと移る時代の変化とともに歩み、印刷業から身を起こして造船業に乗り出した創業者や日本経済の一時期を担った名物経営者の姿を垣間見ることができるほか、小説の題材にもなった石油タンカーの模型もあり、時代と社会、重工業のあゆみを感じることができる。

　佃の歴史や重工業の来歴、また土光敏夫の名を知っている人にとっては、知識を深められる興味深い展示が多い。建築に関心がある人なら、東京駅の鉄骨模型などは時間をかけて見学したいところだろう。このように、展示は比較的大人向けの内容である。子どもにとっては特にわかりづらい部分があることは担当者も認識していて、今後どうすればわかりやすくできるのかが

課題であると考えている。

　重工業企業は一般には身近に感じる機会が少なく、縁遠いものというイメージをもつ人もいる。また、担当者は現在の社名にはかつてのように「重工業」の文字が入っていないことから、社名変更や業務そのものの認知が広まっていないことを課題と認識している。これが、冒頭の「旅行の会社と思われてしまう」という発言の背景なのだ。国内有数の歴史ある重工業企業である同社でも社名変更に伴い認知度の向上を目指していて、この施設が認知度向上の一翼を担っている。

　同社は i-muse のほかに、前身である石川島造船所があった佃に石川島資料館を設置・運営している。資料館はかつて石川島・佃島と呼ばれたこの地域の歴史や文化、日本の重工業の歴史と会社の歴史を扱っていて、造船所で働く人たちの一日をジオラマで表現するなど、150年あまり前に造船所があった歴史を伝えている。造船不況の折に造船所の土地は手放したが、現在の社屋もごく近距離にあり、古くから地域に親しまれてきた存在であり、地元への貢献の意味を込めて運営している。

　歴史ある重工業については、三菱重工業、川崎重工業同様、明治以来日本の工業化の一翼を担ってきた会社ばかりだ。だが、そうした誰もが知っているような企業であっても認知度の維持や向上に気を配り、未来に向けてブランディングをしている姿勢がみえた。また、BtoB 企業に共通の課題として、一般の人々へ存在感を示していくことも大きな課題としてとらえていることが観察できる。

3-4　一般消費者との関わりが少ない、機械部品や測定機器メーカーの企業博物館

　暮らしの便利さや楽しみを得るために、私たちはさまざまな「機器」を購入する。それらは、目的に合わせて設計され、その設計に従ってさまざまな部材を組み立てたものだ。機器を組み立て、動かすためには、ねじや歯車、接続部品などの機械要素が必要だし、それらの部品を正確に作り、品質管理をするための測定機器も必要である。いくらハイスペックな機器であっても、機械要素部品の精度が低ければ正確に滑らかに動かすことはできないし、耐久性も低くなる。

私たちが手にする製品の性能は、このような「機器になる前」の部品や測定機器の品質、精度に大きく左右されるのだ。機械部品や測定機器など、日常生活ではあまり見ることがない製品を作る会社の企業博物館を巡ってみた。

3-4-1　長岡歯車資料館

　　設置・運営：長岡歯車製作所
　　所在地：新潟県長岡市南陽2-949-4

　新潟県中部に位置する長岡市は、毎年8月に開かれる「長岡まつり大花火大会」で知られる城下町である。毎年100万人以上の人が訪れるというこの花火大会は日本三大花火大会に数えられ、それを示すようにJR長岡駅の入り口には正3尺玉の花火と打揚筒のオブジェが置かれている。
　長岡市はまた、明治のころから石油の産地として知られ、それに伴って工作機械を扱う製造業が発達した町でもある。新潟県では燕や三条が金属加工の町として知られているが、こちらが食器や包丁などを製造しているのに対し、長岡が鉄鋼業、工作機械の町になったのは石油が産出したためであり、岩盤を掘削する機械を造ったのが長岡の機械産業の始まりである。
　長岡歯車資料館は、長岡歯車製作所が設置する施設で、同社社屋の1階と2階に設けられている。同館館長（当時）の内山弘は、施設の目的を「歯車のPRのため」と説明する。歯車は機械の基礎的な要素であると同時に、機械や工業を象徴するアイテムだ。現行の5円硬貨には農業・水産業・工業が図案化して描かれているが、「工業」を表しているのは歯車である。また、地図帳では工場を示す地図記号として使われているし、パソコンのソフトでも「設定」のアイコンは歯車だ。しかし内山は、最終製品のことは知っていても、その製品に使われている歯車やその機構、仕組み、組み合わせなどについては十分に知られていない、と言う。円盤の周囲にギザギザの歯がついたものだけではなく、歯車には実にさまざまな形や種類がある。機械の基本的要素である歯車について知ることができる歯車資料館の意義は小さくないと内山は話す。資料館の役割は、自社だけではなく歯車産業全体のPRという立場をとり、特に、ものづくりの専門家ではない人や、これから工学を学ぶ若い人たちに歯車について知ってもらいたいと考えているという。
　開館は1990年9月。内山は、長岡歯車製作所の元社長であると同時に、技

術史的な観点から古い歯車や歯車を加工する機械のコレクションに取り組んできた。資料館に直径1メートルから1.5メートルほどの木製の歯車がずらりと並ぶ光景は圧巻で、歯車の用途や歴史はこれほどまでに幅広いものなのかと驚かされる。これらは古くから農村で使われていたもので、銘が入っている。ほかにも、材質・形状や角度、軸を変えて動力の伝搬をするものなど、実にさまざまな歯車を見ることができる。時計（柱時計をはじめとするさまざまな時計）、自動車のトランスミッション、リール、田植機、手回しミシン、ギターのチューニングの機構、水道メーターの機構、手回し計算機、座繰り、たばこ刻み機（一定の幅でたばこの葉を切り刻む装置）など、数々の歯車を使用した機械や生活用品などの展示には、人はこれほどまでに動力を適切に伝えて物を動かす工夫をしてきたのか、と古からの機械加工の工夫に感心せずにはいられない。

　オートマチック車が普及した現在では自動車のトランスミッションの存在を知らない人も増えているが、ここではトランスミッション内部の歯車を見ることができる。展示されているトランスミッションのなかにはメーカーや製造年がわからないものもあるが、ある来館者が見学した際に「これは自分が開発したものです」と話したのをきっかけにメーカー、車種、年式などがわかったという逸話もある。

　資料館の入り口には、カラフルなプラスチックの板で作られた「非円形歯車」の模型が置かれている。非円形歯車とは、文字どおり「円形でない」歯車の組み合わせで、複雑な動きを作り出すことができる。角が滑らかな三角形のもの、四角形のもの、幾何学的な形状ではなく勾玉やハート型に近い変わった形状のものもある。動力の一定の回転に変化をつけたり、アームの動きや方向を歯車の組み合わせによって生み出すことができる。歯車を詳しく見てみればその形状は実にさまざまだ。一般に知られる、2軸の歯車が円周上の歯をかみ合わせて回転を伝える「平歯車」だけではなく、円周上の歯が斜めに切ってある「はすば歯車」、円の内側の歯に小さな歯車が接触して回転する「内ば歯車」、縦方向の回転を横方向の回転に変えるために歯の面が45度に切ってある「やまば歯車」など、目的によって多様な機構が存在する。非円形歯車を設計・製作し、初めて標準化したのが長岡歯車製作所である。この非円形歯車の認知向上もここでは大きな役割だ。資料館設立の背景について、館長の内山は、一般の歯車よりもさらに知っている人が少ないだ

長岡歯車資料館の木製歯車
筆者撮影

けではなく、現在でも非円形歯車を扱っている会社は少ないため、PR のための施設や場所が必要だったというのが理由だと話す。私も非円形歯車というものの存在を今回初めて知った。ミュージアムショップでは、三角形、四角形、五角形などの非円形歯車のキーホルダーを販売している。

　非円形歯車の使用例として紹介されているのが田植機のアームである。田植機の機構（苗を挟んで植える、植え付けアーム部分）は一定の動力を加えながら動作速度や軌道に変化をつけることが必要だが、同社はこれを非円形歯車で実現した。速度や軌道を変化させる技術としては、ほかにモーターによる制御（サーボモーター）という技術があるが、植え付けアームの一つひとつにモーターを取り付けることは作業環境に適さず、さらにメンテナンスの頻度も増えることから、歯車が採用されている。

　同館は自社の PR を目的としながらも、資料館の開設によって収集した技術的資料を保存・活用しようとした内山の意志がうかがえる。そのため、他社のショールームやテクニカルセンターのように、自社の製品や技術を発信

TDK 歴史みらい館の歴史ゾーン
筆者撮影

れは05年に設立した TDK 歴史館を、35年の創立100周年事業に向けてリニューアルしたものである。

　開館に向けて、当時の館長は「カセットテープのメーカーとしてかつては認知度が高かったものの、磁気テープ市場の縮小によって BtoB 事業が中心になった。どのようにして会社の社会的な認知度を上げるかが大きな課題であると認識している」と述べ、TDK 歴史みらい館にリニューアルすることで、同館の広報機能に期待していると語っている。

　展示の内容は同社の歴史を示す「歴史ゾーン」と、同社が創業100周年を迎える2035年の暮らしを示す「みらいゾーン」に分かれている。「歴史ゾーン」では、フェライト、磁気テープ、積層チップ、磁気ヘッドなどを展示している。また「みらいゾーン」では、35年の若者の一人暮らしの部屋をTDK 部品で構成するジオラマなどの展示になる予定だ。ウェブ上にバーチャル科学館も展開し、秋田県にかほ市という都市部からのアクセスが悪い立地をカバーするとともにグローバル化にも対応する。ウェブサイトを活用し

TDK 歴史みらい館の磁気テープの展示
筆者撮影

　て存在をアピールし、会社の信用やイメージの向上に役立てることも狙いの
1つだ。地元の中学・高校・大学とも連携して授業に役立てるとともに、若
年層への認知の向上を目指している。
　前節で紹介した重工業メーカー各社も会社の認知度を上げたいと語ってい
たが、部品メーカーの製品は重工業メーカーの製品よりもさらに生活空間か
ら遠い印象だ。そのため、社名、社業はもちろんのこと「そのような事業を
おこなっている会社の存在」を知ってほしいという意識が強く感じられる。

一般の来館者を対象としているが、社員が自分が属する会社の歴史や製品を見て、感じることが大切だと考えている。さらに施設を通して一般の人々に会社の存在を知ってもらうことが、社員の自信につながり、社員のアイデンティティーの形成に影響を与えることができると考えている。アルプスアルパイン未来工房やミツトヨ測定博物館と同様、産業を下支えする技術とその積み重ねは、見る人にとっても発見が多いはずだ。施設利用の対象者として自社の社員の存在を強く意識する姿勢はどの企業博物館にも共通している。

3-5　消費者が直接買うことはないが、日常的に製品に接することがある企業

3-5-1　容器文化ミュージアム

　　設置・運営：東洋製罐グループホールディングス
　　所在地：東京都品川区東五反田2-18-1 大崎フォレストビルディング1階

　容器というのは不思議な商品である。お店でものを買うとき、私たちは容器を手に取る。だがそれを買う目的は、中身の商品がほしいからだ。「容器がかわいいから買っちゃった」といういわゆる「パケ買い」と呼ばれる購買行動がないわけではないが、わざわざ「パケ買い」という名前がついていること自体、中身を目的としていないことに対するエクスキューズを含んでいて、特別な行為であることの証左といえるのではないだろうか。

　容器自体を求めていないとはいえ、容器は大切なものだ。商品を保護し、商品に関わる情報を記載し、商品を魅力的に見せたかと思えば、買ったあとの保存の段階でも大切な役目がある。容器は商品の売れ行きに大きな影響を及ぼすし、工場で中身を入れた瞬間から買った人がその品物を出して使うまで、形や質、色、性能、食べ物なら味や安全性を保たなければならない。しっかり商品を保護する必要があるうえに、簡単に開封できて中身を取り出せるものでなければならず、さらに購入後も長期間保存するものであれば再び閉じて安定を保てる機能がほしい。不要になったときには捨てやすくなければならない。容器は使いやすいのが当たり前で、開けにくかったり取り出しにくかったりすれば「簡単に開けばいいのに、手が汚れないように作ってくれればいいのに」と不便さを嘆く。私たちの身の回りにはさまざまな容器が

あるが、多くの場合はその中身の商品を目的としているから、容器の性能にことさら関心を寄せる機会はあまりない。そんな日常的にふれているのに実はよく知らない容器の世界を知ることができるのが、容器文化ミュージアムである。運営するのは東洋製罐グループホールディングスで、ミュージアムはグループ本社（東京都品川区）の1階にある。

　本社ビルのエントランススペースからアプローチがつながり、入り口には仕切りやドアがなく、無料で入場できる。入場しやすさはIHIのi-museとよく似た雰囲気である。建物はガラス張りで明るく、ビル外側の緑地スペースからもなかの様子が見えるので入りやすい。

　この施設は、日本で初めて製缶業を始めた同社が、容器包装のことを一般利用者にもっと知ってもらいたいという思いから本社ビル新築に伴って2012年に開設した。延べ床面積は約300平方メートルで、気軽にひと回りできる。所在地は100年前から同社の工場があった場所で、この場所に本社ビルを新築することになった際に、地元自治体である品川区との協定によって何らかの地域貢献施設を設置することが検討された。郵便局や保育園などさまざまな案が出たが、前述の理由から容器文化ミュージアムの開設に至った。

　展示の冒頭は、来館者の「知りたい気持ち」を作るウェルカムボードである。「容器ってなに？」という文字の周りにさまざまな容器のイラストがあり、同心円状に容器の役割や、容器を使い終わったあとはどうなるかを示すイラストが配置されるデザインになっている。背景は透明で、館内の雰囲気がうかがえて期待感を誘う。普段は何気なく開封して役割を終える容器だが、イラストをじっくり見ると実にさまざまな種類があり、素材や機能のバリエーションが感じられ、どれも見覚えがありながら、「容器ってこんなに幅広いんだ」とあらためて思う。そして、古代から現代までさまざまな容器を使ってきた歴史がパネルで示され、館内に進むと入り口にはさまざまな容器が展示されている。

「まもる」「つかいやすく」「つたえる」という容器の役割を伝える展示、素材や形を具体的に知ることができる展示や、現在使われている容器の技術や知恵、そして容器のリサイクルについても紹介し、それぞれのテーマに応じてハンズオンやタッチパネルで学ぶことができる。明治時代からの代表的な缶詰ラベルの展示もあり、年齢を問わず楽しめる内容になっている。100年前に国内で最初に缶詰製造を機械化したものと同型の自動製缶機「インバー

テッドボディメーカー」は、外部からも見える場所に展示されている。同機は、国立科学博物館の重要科学技術史資料に登録されている。

施設名のとおり、「容器は文化である」を基本的なコンセプトとしている。なるほど、なかに入れるもの、運び方や保存の仕方が変化すれば容器の素材も変わるし、保存の技術も向上するだろう。何より、容器は中身の商品を魅力的に伝えるメディアでもある。容器は文化であると設定し、自社の製品だけではなく容器産業全体に関する発信をすることを意識していて、業界認知度の向上、社員のアイデンティティー向上や社員教育にも活用しているほか、容器に関するマスコミの取材対応もおこなう。施設を営業やPRに活用する意図はなく、商品としての容器の陳列や商談は別のスペースでおこなっている。日本で唯一の容器に関するミュージアムなので、同業他社からも歓迎されている。資料収集などで協力を得ることができたのもその表れだろう。マスコミから資料の提供を求められた際などに該当する資料がない場合は他社に問い合わせるなど、他社とも連携を図っている。

だが、実際に私たちが毎日使っている容器を展示することには難しさもある。容器は特定の商品を入れるものであり、同社が製造した容器を展示するということは特定の商品を展示することにつながるため、展示資料の選択には気を使うという。

同館のターゲットは学校でものづくりを体験する小学生だが、幅広い年齢の人が楽しめる内容で、近隣の方々の散歩コースにもなっているようだ。

3-5-2　印刷博物館

設置・運営：凸版印刷
所在地：東京都文京区水道1-3-3 トッパン小石川本社ビル

凸版印刷は印刷以外の事業も幅広く手がけている。近年は、「印刷の会社だと思っているでしょう」といった非印刷部門を強調するようなCMも制作しているが、なんといっても、長い間印刷業界を牽引してきた会社の1つである。同社が設置・運営する印刷博物館の理念は、「印刷は文化」ということを伝えることにある。情報の伝え手として文化を担ってきた印刷会社の矜持がうかがえる。

印刷博物館は、企業イメージの向上と、印刷文化を伝えることを目的とし

ている。前項の容器と同様、私たちは印刷されたものを手に取る機会は多い
が、それらを印刷会社からではなく、そこに印刷されている情報の伝え手か
ら出版や広告を通じて受け取っている。本や雑誌を作る出版社や、事業の広
告宣伝のためにチラシやポスターを作るときでなければ、印刷会社と取引す
ることはほとんどない。それでも私たちは、日々大量の印刷物を手にし、印
刷にふれている。

　印刷博物館は、凸版印刷の創業100周年事業として、2000年の社屋の新築
と同時に開館した。日本では1995年がインターネット元年とされているが、
開館当時はデジタル技術が進んでコンピューターを介した通信技術が浸透し
つつあり、コミュニケーションのあり方が大きく変わる時期だった。印刷物
の制作でもデジタル化が進んでいて、紙媒体の印刷事業には縮小の兆しがみ
えていた。このような状況下で、長い間、多くの人々が過去を記憶・記録す
るために紙で情報を伝えようとしたこと、印刷という技術の発明の意義、そ
れがもたらした恩恵などを保存し、過去を学んだうえでいまのデジタルがあ
るということを認識するための拠点が必要だと考えたことが印刷博物館の設
立につながった。印刷に関するミュージアムは、国外にはグーテンベルクミ
ュージアム（ドイツ）、プランタン＝モレトゥス博物館（ベルギー）などがあ
ったものの、日本にはそれまで総合的に印刷を扱う博物館は存在しなかった。
これも博物館設立の理由の1つで、印刷の歴史や社会への貢献などを調査・
研究・教育・発信する場が必要であるという考えのもと、博物館の運営を文
化貢献活動と位置づけている。現在は印刷博物館がCOMICの事務局も務
めている。

　展示では、印刷以前の「伝達」から印刷の誕生、そしてその近未来まで、
印刷全般を紹介している。「印刷はコミュニケーション・メディアである」
という考えに基づき、印刷という形態が誕生する前からの「伝えたい、残し
たい」という人々の気持ち、多くの人に同じ情報を間違いなく届ける印刷の
誕生、技術の発展とともに図版印刷が産業革命と結び付き早く大量に伝える
方法が生まれた経緯など、印刷が生活に密着して発展してきた流れを常設展
で紹介し、さらに企画展などでより深く知ることができるという流れを作っ
ている。凸版印刷の歴史や活動内容の紹介はしていない。

　現在の印刷工程はほとんどデジタル化していて、印刷や出版に携わる人で
もデジタル化以前の印刷の現場を知る方法がほとんどない。印刷物の制作工

程では、確認のために校正紙を出し、印刷の色味などを目で見て確認していたなど、人間の経験や能力に培われた感性で見て確認するという作業がおこなわれてきた。このように作られたものが作品として優れているということを伝える場にもなっている。

　例えば、館内には杉田玄白の有名な『解体新書』(1774年) が展示してあるが、単に「杉田玄白らがこういう本を書いた」という情報だけではなく、当時の木版技術でどこまで人体図を再現できるかなど、印刷に関わった人たちの工夫や努力を伝える内容になっている。

　工房では活版印刷体験もできるほか、マスコミュニケーション、文字、活字、印刷についての講演やワークショップを開催している。いずれも活字、製本、寒天を使った印刷など活字文化に親しんでもらう内容である。また、出版文化論などの出版や印刷に関する講義を大学でおこなっている。これは博物館単独ではなく会社 (凸版印刷) と連携して対応することもある。依頼があれば遠方でも出張してイベントや講演などを実施している。

　最近では、CSR 活動の一環として評価されることも多いという。特に海外の企業は、社会貢献活動をきちんとおこなっているかどうかを厳しく見ている。そのため、グローバルな活動をするうえで、CSR 活動を推進することとそれを見えるかたちで示すことができるのは大切なことだと担当者は話す。

　同館の特徴は営利を目的とせず、企業色を排除していることである。館名は「凸版印刷」や「凸版」などの社名を含めない「印刷博物館」とした (ただし、発行物などには責任の所在を明らかにする意図から「凸版印刷株式会社 印刷博物館」と表記している)。地下にあるメイン展示室は歴史に関する展示を中心にしていて、1階のギャラリーでは印刷に関連する現代的なテーマを扱っている。明治以降の印刷機器類などの資料は外部の収蔵庫に保管している。そのほか印刷に関わる資料約4万点を所蔵する。有名なデザイナーなどを招いて、オフセット印刷のトライアルなども実施している。デザイン系の学生が授業の一環で展示を見学にくることもある。また、若いデザイナーに発表の場を提供する意味も込めている。

　来館者は、一般、学生、修学旅行生、近隣の小学生、親子連れなど幅広い。同社の新人教育をはじめ、周辺の印刷会社や出版社も同館を社員教育に活用している。展示を見て説明を受けるだけではなく、自分で活字を組んでイン

キを付けて刷る活版印刷の工程を体験しながら学ぶことができる。印刷文化
や印刷技術を総合的に扱っていることが、専門性の高い人々の来館につなが
っていると考えている。得意先や業界団体も来館することがあり、その場合
は学芸員などがアテンドし、活版印刷体験の希望があれば実施する。

　営利目的ではないが、企業が運営している以上、企業（凸版印刷）のイメ
ージを高めることも館の目的に含んでいる。これが公立博物館との大きな違
いだろう。社内的にも印刷博物館の存在が凸版印刷のプレゼンスを高めてい
るというコンセンサスがある。

　施設の運営は会社の業績の影響を受ける。運営には経営トップの判断が重
要だが、経営トップや社内の理解はおおむね得られている。それには、外部
からの評価が影響しているという。例えば、「朝日新聞」と「日本経済新
聞」が企画した企業博物館ランキングで印刷博物館はそれぞれ1位と2位を
獲得したことがあるという。このことで、社会的な注目を集めているという
意識が社員にも浸透し、施設への理解が促進されたとともに、株主へもアピー
ルできたと認識している。他社からの認知や評価の言葉を聞けば、営業は
仕事がしやすくなるし、得意先が来社した際に「ぜひ博物館を見てくださ
い」と観覧を勧めるなど、企業活動のツールとしても機能する。顧客に評価
される機会が増え、同社の営業担当からも喜ばれているという。特に、出版
社の人々は大いに共感するという。このように、博物館の存在価値、営業と
の連動、それらがもたらす会社のイメージアップが明確に認識されている。
今後は同館の所在地である文京区とのコラボレーションでツアーなどの企画
を検討中である。

　以上、14社それぞれの企業博物館について、設立の目的や活動の内容を
聞いた。すると、施設に対する設置者（企業）の期待を具体的に知ることが
できたとともに、事業と施設の関係や、時代による変化など、新たな知見を
得ることができた。次章では、取材の内容をもとに企業博物館の機能をさら
に詳しくみていくことにしよう。

注

（1）回転したり移動したりする機器・装置が、どれくらい移動したか（位置・
　　変位）、どの方向に移動したか（動作方向）を測定する装置。

(2) 同社が開発した国産初の耐震装置付き時計。

(3) 同社が開発した国産初の完全防水時計。

(4) 同社が開発した世界初のアナログ式光発電時計。

(5) 1909年に日本で初めて建設された電動クレーン。イギリスのアップルビー
社製。大型船舶用装備品の荷重に耐える吊り上げ能力をもつ。

第4章 企業博物館とは 何をするところなのか

4-1 企業博物館の詳細な機能がみえてきた

　話を聞くなかで、企業が企業博物館を設置するのは社会貢献活動のためという見方は一部あたっているものの、それだけではないことが明らかになった。企業が社会貢献のためだけに企業博物館を運営しているという牧歌的な話ではない。このことはこれまでの研究でも示されてきたことだが、こうして実際に話を聞くなかでその裏付けを得られただけでなく、新しい切り口もみえてきた。

　先行研究で認められ、私が分類した企業博物館の機能は、1. 文化施設、2.CSR、3. インターナル・コミュニケーション、4. アーカイブズ、5. アイデア創出や技術開発のシーズ、6.PR や企業イメージ向上、の6つだった。しかし、文化施設であっても「博物館」なのかほかの社会教育施設なのかは企業ごとに異なっている。同様に、ひとことで PR といっても自社の PR のこともあれば、自社が属する業界全体の認知度を上げることを目指している場合もある。そのなかでも商品や社名の PR の場合もあれば、緩やかにイメージ形成をしていってブランディングを目指す場合もある。このように、6つの項目のなかにもさまざまな姿勢が見て取れ、6つをさらに細分化して考える必要がありそうだ。

4-2 企業博物館は文化施設を目指しているのか

　まず、文化施設としての機能に注目してみよう。

運営者が誰であっても、「テーマを設定して資料が展示されている一定の規模の施設」であれば、一般に博物館と呼ぶことに抵抗は少なく、そこは歴史や技術について学べる文化施設であるというとらえ方はごく自然だ。

　印刷博物館の、印刷の歴史と社会にもたらした変化を示し、調査・研究・教育・発信をする場として機能すべきという理念には、「博物館」であることへの強い意志が感じられる。実際、内部は博物館といって差し支えないように思う。印刷の歴史は情報や文化を人類がどのように扱ってきたのかを示すものでもある、という考え方に印刷の歴史、技術、文化を担う施設たらんとする意志が読み取れる。また、海外のグーテンベルクミュージアム、プランタン゠モレトゥス博物館と並ぶ博物館が日本にも必要であるという考え方には、世界有数の印刷博物館でありたいという考え方が伝わってくる。また印刷博物館では、デジタル印刷の経験しかもたない出版社で働く若い編集者に、組版から製版、印刷までのプロセスを学べる機会を提供している。ここには自社の印刷業務だけではなく周辺産業への広い視野も感じられる。これからの印刷文化の担い手になっていく若い編集者へ向けられた知識の伝承もまた、博物館としての意志を反映したものだといえるのではないだろうか。

　すでに述べたとおり、実は企業博物館には「博物館」という名称がついている施設は多くない。しかしここは「印刷博物館」というごくシンプルな館名を積極的に選択し、企業名も冠していないという徹底ぶりである。展示の内容も、自社の歴史や創業者の人物像などの自社に関する情報は扱っておらず、印刷全般を俯瞰して時代の流れや印刷に関わる技術、文化の紹介に徹している。

　博物館というかたちにこだわらず、地域の文化施設・交流施設として公共施設に近い姿を目指している施設も数多い。「地域の歴史を地元の人々と分かち合いたい」と述べていたのは、IHI とヤンマーだ。両社とも施設があるのは創業の地かそのごく近くであり、地元の人たちとともに歩んだ歴史があって発展してきたことを意識しながら、感謝や共感を醸成するという歴史ある企業ならではの地元との関係を強く意識している。IHI にとっては、i-muse は地元の人が豊洲の歴史と IHI との関わりを学ぶ場であると話している。創業の地である中央区佃の石川島資料館では、この地に石川島造船所があった時代の人々の暮らしなどを紹介し、佃が造船の地だったことを地元の人々と分かち合う機会を提供している。

ヤンマーミュージアムの「新しいコミュニケーションを提供する」「地域を活性化する」「観光の呼び水にする」「次世代教育を展開する」という4つの目的からは、地域の拠点の1つとして機能し、地域や農業への関心を喚起するなど、地域と農業への社会貢献を意識していることがうかがえる。特に「地域を活性化する」「観光の呼び水にする」という部分は、地元の発展や産業、人、町に対して企業として貢献したいという、創業の地への会社としての愛情がにじむ。トラクターやコンバインなどの乗車体験、ショベルカーでのボールすくい体験などは次世代の農業者の育成につながることを望んでいることを感じさせる展示で、視野を広げれば、日本の食料自給率の低さや就農人口の高齢化といった課題に貢献したいという意志がみえる。

日本の産業や教育が置かれた状況や課題を意識して、次世代育成への貢献を語っていたのは、カワサキワールドや三菱みなとみらい技術館も同様だ。多くの製造業の企業は「ものづくりに興味をもってもらいたい」と考えていて、自社の技術的なリソースやその実績によってそれに貢献できると考えている。

こうした意識の高まりは、科学の法則や原理を学習する単調な学校教育が近年の理科離れの原因の1つともいわれ、実生活とつながった知識が必要であり、生活との関わりや探求などが意識されていることとも無関係ではない。もちろん、原理や法則を理解するのは大切なことだ。ただ、それがどのような場面で使われ、どんな成果をもたらすのかという道筋が見えにくくなっていることから、理科が役に立つと感じない子どもたちが増えることに危機感を抱く教育関係者は少なくない。理科離れが社会問題化したときにも、生活や社会と理科との関わりを感じられるようにすることが打開策の1つと考えられた。このことからも製造業が自社の技術と成果物を次世代に示し、体験の機会を与えることが社会貢献になりうると考えるのは当然だろう。そこにはもちろん、将来の人材育成、自社や自社産業に関する興味の喚起といういわば「潜在的な期待」がないとは言いきれない。しかし、それによって結果的に技術への関心が高まり、それに従事する人が増えるサイクルは社会にとっても歓迎すべきものだろう。これは東芝未来科学館も同様で、企業アーカイブズの機能も有しながら体験の場を提供している。自社が積み上げてきた技術を平易に楽しく伝えることで、博物学的に資料を扱う施設ではなくとも地域の文化施設として機能しうる。その点で、博物館施設であることに軸足

を置く施設と、体験やコミュニケーションを主体とする文化施設は分けて考えるのが妥当だろう。

4-3　企業博物館は社会貢献活動なのだろうか？

　企業が企業博物館をCSR活動として位置づけているということは先行研究でも示されていて、インタビューでも設置の理由にCSRを挙げる企業は多かった。

　社会貢献活動と博物館や文化施設はなじみがいい。博物館施設の入場料は無料かごく少額であることがほとんどで、その収益だけで施設を運営することはできない。ミュージアムショップやカフェが併設されていたとしてもそこから上がる収益はわずかなもので、館を運営するには到底足りないということは、すでに第1章（「1-3 企業博物館への疑問」）でも述べたとおりである。企業は、自社の顧客かどうかもわからない一般の人々に施設を公開し、展示を見せたり体験を提供したりする。企画や展示制作、運営に関わる人件費、施設維持費その他の費用はすべてか大部分が企業の負担だ。そんな背景を理解している人ほど、企業はCSR活動として企業博物館を設置・運営していると結論づける傾向がある。「自社と株主が利益を上げるだけでは、企業はもはや社会の支持を得られない」のだから、その活動の一環として「CSRの目的で企業博物館を設置しているのだろう」と考えるわけである。

　インタビューでも、企業の社会的責任の観点から、企業博物館の設置理由として地域への感謝と貢献、CSR活動を挙げる企業は多い。三菱みなとみらい技術館、カワサキワールド、ヤンマーミュージアム、東芝未来科学館、長崎造船所史料館、i-muse、容器文化ミュージアムなどがCSRを目的として挙げるか、または結果としてCSRの機能があると答えている。博物館寄りの印刷博物館でも、博物館活動をCSR活動の一環として社会から評価されることが多いと、CSRの意義を肯定的にとらえている。その背景や内容はさまざまで、「地元への感謝」「地域活動への協力」「地域の人々への場や機会の提供」「自社のリソースに関する知識や楽しみの提供」のほか、製造業に目立つのが理科離れ問題の改善への意欲である。三菱みなとみらい技術館、カワサキワールドは開館が理科離れが表面化しはじめた時期と重なって

いたこともあり、次世代に先端技術にふれる機会を提供してものづくりへの関心を喚起することで社会に貢献する場として位置づけている。社会課題と自社のリソースをマッチさせて具体的な活動へと結び付ける装置として、企業博物館は文化施設としても社会貢献ツールとしても機能することを表しているといえる。

　CSRは比較的新しい概念なので、歴史ある企業はCSRという言葉が生まれて概念が定着するよりも前から地域や社会に対して何らかの還元をしていたはずだ。例えば東芝未来科学館は、前身である東芝科学館の開館が1961年だが、このときにCSRという用語は使われていなかっただろう。それでも、「地元還元」などの考え方で、自社でのイベントの実施のほか、花火大会や地域のお祭りに協力するといった企業が地域貢献をする姿はあったはずである。そのような地域とのつながりを図ってきた活動もCSR活動に含めるという解釈は成り立つだろう。地域に関連する活動の拠点として企業博物館が活用されるのであれば、「CSRを目的として設立」したかどうかにかかわらず、CSRを目的として活動しているという説明は成り立つ。

　ニコンミュージアムでは、CSRという文言がストレートに語られるわけではなかったが、担当者からは「日本初の総合光学機器メーカーとして100年余りの歴史があるため、ニコンの歴史は日本の光学の歴史であるといえることからもミュージアムは必要。カメラ史の研究でも果たす役割がある」という言葉が聞かれた。ここからは、自社のアーカイブズを社会共有の財産としてとらえていることがうかがえる。また、容器文化ミュージアムのように、地域との協定で定められた社会貢献施設を作るにあたってその内容を企業博物館に決定し、「日本で初めて製缶業を始めた当社がミュージアムを開設することで、容器包装のことをもっと一般利用者に知ってもらいたい」と施設の意義を述べていることからも、社会貢献の必要性は各企業とも強く意識していて、その拠点の1つとして企業博物館が機能しうることを示している。

4-4　企業博物館におけるPRとは何か

　企業博物館は文化施設であり、社会貢献活動のツールとして利用者に楽しみや学びの機会を提供する場である。では、企業は企業博物館を使って宣伝

はしないのだろうか。企業博物館研究の初期には、自社の存在や製品、技術をアピールすることに対して批判的な主張が存在した。文化施設たるもの宣伝などもってのほかであり、そんなことでは地域文化への貢献にはつながらないという主張だ。そののちに、社会的な活動を目指すことが、企業のイメージ向上やブランド力の向上にも寄与しうることが認識されてきた。企業が創業者や会社の来歴を示すことそのものがPR活動の性格を伴っているという見解は、企業博物館の実態を表す考え方として理解しやすいものである。

　そして、各館を訪問しインタビューをするなかで企業博物館ならではのPRのあり方が浮かび上がってきた。長岡歯車製作所は長岡歯車資料館の目的をはっきりと「PRのため」と語っている。一般の人の歯車に関する興味、関心はあまり高くないので、資料館を通じて歯車にふれる機会を増やしてPRしていきたいというのが長岡歯車資料館の考え方である。気を付けておきたいのは、ここで語られているPRとは歯車への関心を高めたいということであって、自社の歯車そのものの販売を目的としているわけではないということだ。

　川崎重工業が運営するカワサキワールドのPRへの活用も興味深い。同社は基本的にはBtoB企業だが、オートバイというBtoC商品も生産・販売している。カワサキワールドの展示には同社の歴代のオートバイを並べたコーナーがあり、ファンを楽しませている。歴代車種を展示している点で博物館的な要素もありながら、同館は「ファンサービスの意味も込めている」と語っている。オートバイにはコアなファンがいて、歴代の車種を展示することで、ファンはかつてあこがれていた、そして乗っていた車種と出合うことができる。懐かしさや親近感、来館者の思い出とともにオートバイに出合えるこのコーナーは、ファンにとって心地いい体験になるにちがいない。

　そしてまた、カワサキワールドでは新車のプロモーションもしている。新車発表を控える時期には、カワサキワールドを活用して展示会や試乗会といったPR活動をする。試乗会そのものが新車のPRになるだけではなく、オートバイメーカーの「KAWASAKI」を目指してカワサキワールドに集まった人々が、重工業企業の「川崎重工業」の姿にふれる機会を増やすことにもつながるだろう。このような出合いや認知の道筋は来館者の共感を呼び、企業に対する親近感を醸す効果が期待できる。個人の顧客に訴求するオートバイをチャンネルとして、ファンサービスのような性格をもつ展示コーナーを

設けることで、重工業分野の PR にも結び付いているといえるだろう。

　かつてカセットテープの販売で大きなシェアを誇っていた TDK も、社名の認知や若い世代への訴求を目的として施設をリニューアルしている。磁気テープ市場が縮小したことや事業領域の変更などによって BtoB 事業が中心になり、消費者が社名を聞いたり口にしたりする機会が減り、一般の人々の認知度の向上が課題になった。同社は、創業の地である秋田県にかほ市に以前から設置していた TDK 歴史館を TDK 歴史みらい館にリニューアルし、その広報機能に期待を寄せている。特に若い世代へのアプローチを意識しているようだ。創業100周年を迎える2035年の未来を示す「みらいゾーン」では「若者の部屋」の展示を作り、未来の若者がどんな機器を使用し、どんな技術に囲まれて生活しているのかという「未来の姿」を示し、未来の生活への提案とそこに貢献する同社製品を表現することを企画している。にかほ市は同社の創業の地だが、施設の立地自体は都市部からはアクセスしづらいという事情もあるため、施設の展示の充実とともに、施設を拠点とした地元の学校との連携やウェブを使った若者たちへのアプローチを展開する。このような、自社のブランディングの機能を期待しているのは三菱みなとみらい技術館も同様で、「CSR や社会教育への貢献の意味もあるが、近年はブランディングの目的も大きく、企業の認知度向上の役割もある」と担当者は述べている。三菱みなとみらい技術館では事業内容と展示をリンクさせる努力がされている。また、企画展、ワークショップなどソフト面での活動をウェブサイト、パンフレット、チラシなどで告知することによって、来場の有無を問わず、企業博物館の存在や会社の名前、業務内容が広く知られる可能性があると考えると、こうしたことを PR のチャンネルとして有効活用したいと企業が考えるのは必然だろう。

　PR にはさまざまなフェーズがある。特定の商品を売るための直接的な PR に近いものから、すぐに目に見える効果は生み出さないかもしれないが、自分たちの持ち味を知ってもらうことでいい印象や信頼を醸成するイメージの向上やブランディングなども、企業にとっては必要な PR である。取り扱う商品が変化したことでかつてのようなテレビ CM がなくなり、現在の事業の認知や信頼の向上を目指す企業もあった。

　PR の幅の広さを意識したとき、長岡歯車資料館が館の目的を PR であると語ったことについても、その背景を深く考える必要がありそうだ。機械要

素技術を広く知らせたいという目的は、PR という部分はおおいにあるにせよ、社会貢献的な意味合いも大きいのではないかと思う。特に開館時の館長である内山弘が思い描く歯車技術研究の促進は、企業の PR を超えた、社会の共通知を形成したいという思いを感じるものだった。

　内山は「工業を代表するものなのに、みな意外と知らないんです。だから知ってもらいたい」と歯車に関する認知や理解を促進したいという強い思いを語っている。同社の製品を宣伝したり技術力をアピールするというよりも、歯車そのものに関する理解を深めたいというのが、内山の「PR」の示す意味だ。内山によれば、歯車は成熟した技術のように思えるが、研究すべきことはまだまだあり、技術を向上させる機運を作るためにも、一般の人々、そして業界の人々の歯車に対するとらえ方を変えていきたいと考えているのである。

　長岡歯車資料館の技術資料を活用・保存するという姿勢は、自社だけではなく歯車産業全体を PR し、業界認知度を向上させることを目指している。

　その一方で、資料館の存在が「会社の信用」を高めるという考え方も示している。長岡歯車製作所は汎用品としての歯車ではなく、1点ものの高精度の製品や、非円形歯車のような特殊な用途の歯車を製造している。同社を訪ねる顧客のなかには遠方からの人も多く、訪れた人は会社の案内や製品の説明を聞いてもらうだけでなく、必ず資料館へ案内するという。資料館は会社に対する信用の獲得にも寄与することから、自社 PR の役割も同時に担っている。

　印刷博物館も、博物館であることを重要だと考えてはいるが、この施設の存在が凸版印刷の PR になること自体は否定していない。担当者は企業、そして企業文化の向上のために印刷文化を広めていくことが施設の目的だと述べている。PR というには一見漠然としているようにも感じられるが、顧客や地域社会との信頼関係を育むためのツールとして認識している。

　BtoB 企業のなかには、認知度に対して危機感をもっている企業が少なくない。かつてはそれなりに認知度が高かった企業でも、商品の変化や社名変更などで認知度が低下したことに対する懸念も1つの要因であるようだ。また、自社だけではなく、業界全体の認知向上への意識を聞くこともできた。企業博物館での PR は幅広く、まず自社を知ってほしいという「自社 PR」、親近感や信用を高める「自社ブランド向上」、長岡歯車資料館のように自社

が属する産業全体を意識した「業界認知度向上」、そして、業態が変化したことによってあらためてブランディングが必要になった場合に、博物館施設を設けるというCMなどとは異なるかたちでの「新たなブランディング」といった視点があることがみえてきた。

4-5　アーカイブズとしての企業博物館

　絵本『きかんしゃ やえもん』（阿川弘之文、岡部冬彦絵、岩波書店、1959年）では、年を取って時代遅れになった機関車やえもんが電気機関車などにバカにされる様子が描かれる。ある日、やえもんがあまりに憤慨しながら走ったため、その火の粉がもとで火事になってしまう。周辺の人から責め立てられ、やえもんはやむなく仕事を休むことになり、その路線にはディーゼル機関車のいちろうとはなこが走ることになる。やがて、やえもんがスクラップになることが決まる。しかし、運ばれていく途中でやえもんが日本に数台しかない貴重な蒸気機関車であることがわかり、やえもんは磨かれて博物館に展示され、そこで子どもたちの人気者になるという物語だ。

　機関車が「年寄りになって」というところは童話らしくほほえましいが、古くなった機械が新しいものに置き換わっていく様子、そして価値が見いだされて博物館へ収蔵されるくだりに、私はやや気持ちが重くなってしまう。なぜなら、やえもんは運がよかったのだろうと思わずにはいられないからだ。

　一般に企業の工場などでの使用が終了した機械は、企業にとって不要なものだ。1つの機械の使用が終了したとき、その機械が人々の生活や社会にどのようなインパクトを与え、大きな時代の流れのなかで貴重な存在であるかどうかをすぐに評価することは難しい。その時点では古くて性能が劣るものでしかないからだ。評価は長い歴史のなかでおこなわれるものだ。だが企業には社会的意義を理由にしてそうした製品を保存する義務はない。歴史の評価を受けるまで、あるいは評価の俎上に上がるまで、使用ずみの機械はどのように保管すればいいのか、その問いに対する回答やそれを補完するだけの制度はない。

　資料があるから後世の人々が歴史を知ることができ、それを検証することも研究することもできる。保存義務がある文書さえ捨ててしまう官公庁もあ

るが、企業にとって過去の活動を記録した文書は財産であり、そこには記録としてだけではない意味がある。松崎裕子は、企業史料は単なる歴史的記録ではなく、組織の業務に貢献し、経営に資するものだと述べている[1]。単純に過去を保存するだけではなく、将来の企業経営に貢献するものだということを考えれば、古くなった製品、使わなくなった機械は「博物館行き」と揶揄されるようなものではなく貴重な資料だ。村橋勝子の、歴史の記録としてだけではなく、そこに多くの効用や目的を見いだすことができるという主張[2]とも一致する。

　使い終わった機械や古い製品を保存することは博物館の主要な機能の1つである。「博物館」として歴史のなかでの技術の評価や系統的な保存をしていなくても、資料を時代に沿って保存するアーカイブズの機能を企業博物館が担うのはごく自然なことだ。

　三菱重工業長崎造船所には、日本の工業化の黎明期からの歴史がある。担当者はこの時代に先人がどのように技術を発展させ、工業化に取り組んできたのか、製品を通して知ることができるのが造船所史料館の意義だと語る。失敗を重ねて技術の発展に取り組んできたことやその積み重ねが、三菱重工業のブランドを作り上げ、守り、そして多岐にわたる技術が確立されてきたことを伝える施設だと回答している。

　また、ミツトヨ測定博物館の成り立ちに思いをはせれば、現在我々の前にその姿を見せている機械は、幸運にもスクラップを免れたものだけではないだろう。歴史ある企業には創業以来製造してきた製品があるはずだ。そのなかには、技術的に新規性があり、時代の変化に大きな影響を与えたものも含まれている。企業史料というと、文書を思い浮かべることが多いかもしれないが、過去に開発・製造・使用した製品が資料として間近に見られるのは、企業博物館の役割として大きい。

　容器文化ミュージアムには、100年前国内で最初に缶詰製造を機械化したときに使用した機械と同型の自動製缶機「インバーテッドボディメーカー」が展示されている。黒光りする鉄製で時代を感じさせる重厚さが際立つこの機械は、白やパステルカラーといった明るい色を基調とする容器文化ミュージアムの入り口近くでひときわ存在感を放っている。外部からも見える開放的なガラス張りの入り口に展示されて日差しを浴びる姿は、製缶の始まりを想像させる。

企業博物館と公立博物館の違いの1つに、自社で製造したものを資料として数多く所蔵できるという点がある。自社の財産のうち、貴重だったり、希少性が高かったりと何らかの価値が認められるものを収蔵することが可能である。ミツトヨ測定博物館の構想が持ち上がったきっかけは、過去に製造した製品の保管と整理の問題があったことだった。企業には、過去の製品が何らかのかたちで残っていることが少なくないが、必ずしもきちんと保存・保管されている例ばかりではなく、工場や倉庫にとりあえず残してあるだけということもある。商品として出荷するには古くなってしまった自社製品を処分するのか、保管するのか。ミツトヨは、会社に残されていた過去の製品がたまり、いずれは廃棄を免れなくなることを危惧したことから保管の検討を始めたのだった。

　その時点では、自社史料の保存だけを目的としていたが、保管する製品が増えていくにつれて整理する必要が生じ、そこで製品を社内のアーカイブズとして活用するようになったという。そしてさらに製品がそろってきたので、一般に公開することで地域の人々に貢献したいと考えたというのがミツトヨ測定博物館の成り立ちの経緯である。こうした成り立ちは、公立博物館とは大きく異なり、企業ならではの開設経緯といえるだろう。そしてここには、博物館の資料がどのような経緯を経て「資料になりうるか」を示す、博物館という形態に関わる大きな示唆が含まれているように思う。

　企業博物館でのアーカイブズの取り組みには、企業に関わる史料だけではなく技術的な資料を残そうという意識が確かにある。技術的系譜が構築できるか否かにかかわらず、やはりモノがあることで、文書だけでは表現できない迫力と説得力がある。過去の技術が新しい製品の開発に貢献することもあるだろう。過去の技術文書だけではなく実物や映像など多様なメディアを駆使し統合した技術継承は、企業博物館の意義の1つととらえることができる。

　技術がどのように生み出され世に出されてきたのかを、現代や未来の人たちに、そして技術者たちに残すべきだという矜持をもつ企業博物館はほかにもある。アルプスアルパイン未来工房では、例えば創業期には大きかったスイッチが技術の進歩につれてどんどん小さくなっていく、あるいはさまざまな用途へと広がっていく様子を、実機を見ながら理解できる施設の役割は大きいと述べている。長崎造船所史料館では、明治時代の工業黎明期に先輩技術者が開発に取り組み社会に送り出してきた製品に出合うことができる。若

い技術者たちにとっても日本の工業にとっても貴重な展示だ。

　三菱重工業長崎造船所史料館では、このような技術者のスピリットの育成が強く意識されている。先人たちの志や苦労を感じることができるのは、当時使われていたものや当時の失敗をいまに伝えるものがあるからこそだと考えている。そして、松崎裕子が企業史料を単なる歴史的記録としてではなく、組織の業務に貢献し経営に資するものだ、と指摘したように、モノによって文書では表せない情報を伝えることが意識されているといえる。

　自社や自社が属する業界だけではなく、もはや社会の共有財産といえる展示資料を見ることができるのは、印刷博物館も同様。杉田玄白の有名な『解体新書』を例にとって、当時の木版技術でどこまで人体図を再現できるかなど、印刷に関わった人たちの工夫や努力を伝えようとしていることにも同様の意識を読み取ることができる。長岡歯車資料館で見た、数々の歯車やその用途も同様に、その時代、その地域、目的に応じて物を作ってきた先人の知恵や技術、努力が感じられるのは、やはり資料があるからだ。「モノがある」ことの迫力。それは、社内の技術者だけでなく社外の人、技術者ではないもののそのモノに関心をもつすべての人々に等しく語る。ニコンミュージアムも同様である。「日本初の総合光学機器メーカーであるニコンの歴史は日本の光学の歴史でもある」と自負するニコンミュージアムは、会社の歴史や光学という産業のなかの幅広い業務から博物館施設の必要性を意識していると考えられる。同社が製造したカメラ500台、レンズ400本のほか、BtoB部門でもIC、LSI製造時の回路パターン印字に使用する半導体露光装置や、万能投影機などを見ることができ、社員にとっては自社技術の変遷などを調査・確認する場所にもなっている。

　アーカイブズには、企業が何を作ってきたのか、そのことによって社会にどのような貢献をしてきたのか、という会社の来し方を含む「企業史料の保存」はもちろんのこと、技術的な変遷に焦点を当てた「技術資料の保存」の面があることを、該当する施設が示している。

4-6　社員の知識・スキル・意欲向上への活用

　社会貢献、社会サービスの一環として一般の人々を受け入れる企業博物館

だが、社業にも有効活用されている。その1つが社員教育である。私がいくつかの企業博物館を取材した際にも、社員研修の様子を見かけることがあった。展示を前に説明を聞きメモを取る社員の姿を見ることも珍しくない。企業の来歴や製品、考え方や文化を伝え、社員同士の共通理解とするための空間や体験を共有できる場なのである。

インタビューでは、多くの企業が企業博物館の施設を社員教育に活用していると回答した。創業者の人柄や創業の理念を感じ、初期の製品を前に詳しい物語を聞けば会社への理解が深まる。その学びを通してやる気や決意が生まれることも想像できる。

国立科学博物館産業技術史資料情報センター長で技術系博物館に詳しい鈴木一義に取材したところ、「企業が企業博物館を設置するのは会社や社員のアイデンティティーの形成のため」と語った。鈴木によれば、1980年代に日本の企業の技術力は世界的なレベルに達し、世界から注目されるようになった。そのことで自信がつき、海外の企業にも教える立場になり、自国の技術に誇りをもつようになった。それと同時に「日本の技術とは何なのか」「われわれの技術は何か」ということをはっきりと認識する必要が生じたのだという。

さらに、企業にとってなぜ企業博物館が必要かといえば、会社の歴史と存続に大きく関係しているからだと続けた。会社が存続して、社長が3代目くらいになると、創業者や創業当時の社員が一線を退き組織として創業当時の記憶が薄れてくる。また、創業から50年、100年たつとほかのメーカーとの差異の認識やブランドが必要になってくる。創業者が亡くなったあとに入社した人にも、自社の始まりや成長の記録、記憶を共有するためには、実際にものを見せることが必要であり、そのため企業博物館のような施設が求められるのだという。

例えば、インタビューをした企業のうち、社内に資料が増えてきたので社員教育に活用したのち博物館として公開した、という経緯をもつミツトヨ測定博物館の担当者は、施設の存在は従業員教育にも営業にも有効で、総合的に考えて会社のメリットにつながるツールであると答えている。そのほかIHIのi-museも地方工場の従業員や新入社員研修に活用していると回答している。歴史ある企業であればなおのこと、日本の現代史とともにあった自社の歴史を展示を通して知ることは、リアリティーやダイナミズムを伴うだ

ろう。

　アルプスアルパイン未来工房の前身は研修施設だった。容器文化ミュージアムでも、社員のアイデンティティー形成や社員教育にも活用していると回答している。アンケートの回答に「教育」と「アイデンティティー」という言葉が出てきたことは興味深い。企業に関する情報を「教える」ことと、社員個人の自信や自己肯定感を高め、その結果として士気を向上させること、それぞれが企業の業績向上に必要なことだと考えられている。

　実際カワサキワールドでは、同館を訪れた人から社員や社員の家族に対して感想や敬意などが伝えられることがあり、社員が自信を高めたり自己肯定感が向上したりといった効果があったと聞いた。これは設立時には意図していなかったことだという。また印刷博物館でも、新聞などのメディアが発表する「企業博物館ランキング」で、1位、2位と上位にランキングされ、それを目にした顧客や知人などから褒められるといった経験が、社員の自社に対する意識や自分自身のやる気、肯定感の向上につながっているという。

　シチズン時計のミュージアム活用の考え方はより具体的だ。施設は非公開で利用は原則社員だけに限られる。この施設は、社員の資質の向上という目的を明確に打ち出している。社員が自社のことをよく知り、経営の歩み、事業の展開や沿革など、自社の歴史を把握して企業価値の認識を高め、シチズンブランドを向上させることを目指している。「社員一人一人がプレゼンター！」という考え方に基づき、すべての社員が展示の説明ができるようになることを目指している。施設を使って会社の知識をインプットするだけではなく、顧客など案内する相手に対してプレゼン、つまりアウトプットすることで自社に対する理解を深めていこうという考え方である。施設で過去の製品を保存・保管し目にふれさせることで、自社の技術の発展の軌跡を肌で感じ、技術者としての成長を促すことができるという。

　またここには、工房「レストアルーム」がある。シチズンミュージアムには資料としての時計が約6,500本あるが、可能なかぎり「常に動いているか、動かせる状態」にすることを目指しているという。すべての資料の動態保存とは、技術系博物館好きにはワクワクする計画ではないか！　レストアルームには3人の技術者が常駐し、資料である時計の修理や保全をしている。技術者は、社員もしくは定年退職した元社員である。彼らが担うのは単に時計の動態保存だけではなく、社内での技術継承なのである。近年、機械式時計

の技術者が少なくなっていることから、レストアルームには部品製造、組み立て、調整などの各段階での技術継承の場としての役目もある。製品の修理や技術継承は、何も博物館施設のような場所でおこなわなくてもいいという考え方もあるだろう。しかし、創業の精神、過去から積み上げてきた会社の製品の歴史、技術の歴史などが展示される空間のなかで、培われた技術が廃ることなく受け継がれていることを意識できるという複合的な環境は、企業博物館ならではのものであり、このような環境が社員や技術者の心に及ぼすプラスの影響が期待できるのではないかと思う。

　非公開施設のシチズンミュージアムと、公開施設でありながら受け入れ見学者数が比較的少ないアルプスアルパイン未来工房に、社員教育、技術の継承といった意味合いが大きい。ここには、社員の育成を重視する企業の意思が強く反映されている。

　企業博物館が技術史研究にも貢献できるという例を示したのは、ニコンミュージアムである。外部の人も研究ができるのも興味深い。社内の技術継承はもちろん、ニコン製カメラボディーの黒い表面処理に関する研究のように、外部研究者による研究成果が示されることは、博物館の性格を感じさせる。社員の矜持が育まれ、また研究の成果を開発へとフィードバックする道筋も見えてきそうだ。

　自社の社員だけではなく、関連業界の人材育成も視野に入れているのが、印刷博物館だ。企業色を排して印刷文化や印刷技術を総合的に扱っていることが、専門性が高い人々の来館につながっている。印刷博物館では、印刷業界、そして印刷と密接な関係がある出版業界の人材も意識している。自社の新人教育にも利用するが、周辺の印刷会社や出版社も社員教育に活用しているところをみると、やはり社会の共通の知を保存しているといえるのではないだろうか。自分で活字を組んでインキをつけて刷る活版印刷の体験もでき、苦労しながら印刷物を作る工程を知ることができる。

　企業博物館がインターナル・コミュニケーションで担う役割には、社員や顧客・取引先などに自社の来歴や技術力といった会社に関わる知識を供給するだけではなく、社員の自信を高めたり、他者からの評価を伴った自己肯定感の向上など、アイデンティティーの形成という機能があると述べる企業も複数ある。

4-7　アイデア創出や技術開発のシーズになりうるか

　ここまでみてきたように、企業博物館には PR や社会貢献、技術継承を含めたインターナル・コミュニケーションの機能が認められた。企業博物館といいながらも、過去の製品を収蔵して展示するだけではなく、企業活動に対する何らかの効果があるという認識もあることがわかった。それらは、会社のイメージ向上や社員の士気の源になるなど、会社にとって大切なことだが、効果の発現は緩やかで、会社の利益に直接結び付くものではない。では、企業博物館を活用して製品を開発するなどして、企業の本業に近い部分で貢献することはないのだろうか。

　アイデアの創出や技術開発のシーズを、「イノベーション・アイデア創発」の機能としてとらえ、企業博物館の機能の1つとしてカウントし、検討することが必要であると考える。公開・非公開にかかわらず研究者、発注者などが議論をする現場に専門性の高い展示があることは、より具体的かつ効率的な議論を促す。展示に触発されて、新たな製品のアイデアや構想が生まれることもある。社内のイノベーション技術者の研鑽の場にも使われている。

　ある企業博物館を取材しているとき、商品開発や顧客との折衝などに活用される非公開施設を見ることができた。そこは一般消費者を対象としていない展示施設で、同社の製品をカテゴリーごとに整理して展示してあり、開発者・発注者が互いの専門性に立脚して議論をおこなっている。

　堀江浩司は、企業博物館での活動を「社会貢献活動としてとらえるのではなく（略）組織能力やイノベーションを生み出す新たな知識の結合の場ととらえる」という考え方を示しているが、この非公開施設はまさにこのような発想で設置されたものだろう。そして、専門性、イノベーションという機能と非公開であることとは関連もあるだろう。

　ここで堀江が、あえて社会貢献活動の排除について言及してることは興味深い。堀江は非公開の施設についてはふれていないが、堀江が念頭に置く企業博物館のあり方からは、展示と業務に携わる人、双方の専門性の高さが「生産」に結び付く姿が目に見えてくるようだ。

　業務に関わる物品や文書を収蔵し、社内の関係者だけが閲覧できる場とい

うのは博物館という形態でなくても数多く存在するだろう。研究開発やイノベーションなど新たな製品の開発に関わる施設が、非公開である事例が複数観察されたことも興味深い。「非公開施設は博物館なのか」という疑問もあるだろう。そしてまた、イノベーションセンターのような場所であれば企業博物館に分類する必要はあるのか、などさまざまな疑問が湧いてくるはずだ。だがしかし、社員がその場所で何らかの刺激を受けたり、何らかの着想を得る場として、企業博物館を排除する合理的で説得力がある分類法を示すことは困難だ。

　本書では企業博物館のこれまでのイメージや枠組みを取り払おうという試みに対して、思いきってその固定観念から自由になることで、企業博物館の新たな姿、機能、可能性に言及できるはずだ。その意味で、非公開、研究開発に資する施設として企業博物館の機能に加えることにしよう。

4-8　企業博物館を使って社員が交流する意味

　企業博物館を取材していると、現業に従事する社員の博物館に対する意識がさまざまであることに気づく。本社にある施設では、社員が昼休みなどの時間があるときに展示を見ている姿をよく見かけるという言葉を聞いた。また、ベテランの社員が、展示を前にして故人になった創業者と過ごした過去の記憶を若手の社員に伝えている姿も見られるという企業もあった。一方で、社員が自発的にこの施設に来ることはあまりないと回答する会社や、あんなにお金のかかる施設をなぜ設置しているのかと語る社員もいるなど、施設の意義への理解が低い場合もある。社員が企業博物館を「案外使える場所だ」と感じることができれば、より活用の範囲が広がるだろう。

　東芝未来科学館では、「将来的には異なる部門の社員が、科学館の場を使って交流する事業などもできたらいいと考えている」と館長が語っていたのが印象的だった。東芝のように多くの社員を抱えて多岐にわたる事業を展開する企業はもちろんだが、それほど規模が大きくない会社であっても、他部署の仕事はわかりづらいものだ。業務上で関わることがない社員が出会い語り合う機会を、施設を使って実現できるのではないだろうか。互いにどんな仕事をしているのか、課題は何か、課題解決などで協力できる部分はないか。

表4-1　ヒアリングで観察された企業博物館の機能（筆者作成）

（　）内の数字は細分化したあとの項目数

先行研究にみられた企業博物館の機能	ヒアリングで観察された企業博物館の機能
1. 文化施設（2）	社会教育・公共的役割／博物館
2. CSR（1）	CSR
3. インターナル・コミュニケーション（4）	社員教育／アイデンティティーの形成／技術者教育／社員交流
4. アーカイブズ（2）	企業史料の保存／技術資料の保存
5. アイデアの創出や技術開発のシーズ（1）	イノベーション・アイデア創発
6. PRや企業イメージ向上（4）	自社PR／自社ブランド向上／業界認知度向上／新たなブランディング

同じ企業に所属している者同士が、企業博物館という空間で語り合う。共通の思いや意識をもつ知らない者同士が、安心して出会える場として有効だろう。

　この事例は今後の活用についての希望を述べたものであり、実績を伴うものではないが、企業博物館の活用方法として可能性があると考えられる。したがって、企業博物館の機能の可能性として、「社員交流」を加え、これをインターナル・コミュニケーションに含めることにする。

　ここまで、インタビューから事例を参照して企業博物館の機能を抽出してきた。先行研究で提示されていた企業博物館の機能は6つだったが、企業博物館のフィールドでヒアリングをすると、企業はさらに細かい機能を期待していることがわかった。表4-1に細分化した項目を整理した。細分化の結果、企業が企業博物館に期待している14機能が導き出された。

4-9　役割は変化する——企業博物館の汎用性

　ミツトヨ測定博物館の設立のきっかけは、過去に製造した製品の保管と整理だった。現在は、「博物館」という名称を冠して公開しているが、当初は社内向けの研修に活用し、さらに資料が整ってきたので外部の人を受け入れて活用してもらっているという経緯は前述したとおりだ。

　企業には、過去に製造した製品が何らかのかたちで残っているものだ。それは工場や倉庫、営業所など自社のさまざまな場所に置かれている場合が多

い。日常業務でもものは増える。ものが増えてくればそれなりに場所を取る。現在の業務に直接関わらない古い自社製品をどう扱うかという問題は、どんな会社でも起こりうるだろう。しかしそのときこう思うのではないだろうか。「捨ててしまうのはもったいない」と。

　いま手元にあるものが邪魔であっても、一度捨ててしまったら二度と戻らない。過去に製造してきた測定器を廃棄することに対して、ミツトヨの社内に危機感があったことは想像に難くない。そして保管の検討を始めたのである。

　本書の冒頭から説明してきたように、博物館の基本的な役割は、収集・保存、調査・研究、展示、教育・普及である。近年は、公立博物館も地域社会との関わりや街づくりに、そして観光資源として活用するという考え方も示され、社会から変化を求められるようになってきた。それに対して、企業博物館の役割の変化は軽やかだ。会社の方針や社員の要求などに沿った変化なので対応しやすいのである。

　ミツトヨが過去の製品をアーカイブズとして整理しはじめたとき、この時点では広告や宣伝の目的はなく、社員が企業文化の理解のために利用していた。資料が増えるとともに展示が充実してきたため、外部の人も迎えられるよう整備したのである。こうして現在では、アーカイブズ、社員による利用、そして地域社会との接点として機能させるかたちが整った。資料の扱いについて目的や動機が変化して最終的に企業博物館という形態になった例である。

　一方、博物館施設になってからも役割が変化することがある。秋田県にかほ市にある TDK 歴史みらい館である。

　TDK は BtoB 中心に業態が変わったことからリニューアルに伴い未来を作る技術をアピールするようになった。ウェブを使った広報や周辺の学校とも連携し、若い世代の認知度を上げるために広報機能を充実させた。TDK のように、企業本体の事業が変化したことによる認知度や環境の変化に合わせて、社会とのインターフェースの1つである企業博物館に新たな機能を付加するという対応もできる。

　事業内容の変化に伴って施設の目的、活用の幅が変化すると語ったのは、三菱みなとみらい技術館である。自社の事業の動き、会社としてアピールしたい事業などを把握したうえで、リニューアルのタイミングでは担当部署とのすり合わせをおこなうなど、決定は生ものであると述べている。この言葉

は、運営母体が企業であることが大きく影響していて、企業博物館に特徴的な部分といえるだろう。

　また、複数の機能が同時に共存することもあるが、当初想定していた機能のほかに、新たな機能が発見されたり効果を発揮したりすることもある。

　これらの事例として、外部からの評価によって社会的に注目されたことが社員のアイデンティティー形成や、資質や士気の向上につながり、また営業にもいい結果をもたらしたり、株主へのアピールになったりと、連鎖的に効果が表れたというものがある。それぞれの機能は連続性があり不可分な場合もあるといえる。

4-10　「未来」を扱う企業博物館

　一般に博物館は、過去のものを扱う。歴史学、人類学、民俗学に関わるもの、美術品など、みな過去に作られたものだ。科学博物館でも、恐竜、岩石、生物の進化、物理、化学の発見の歴史や原理など、現在までにわかっていること、つまり現在よりも前のことを扱う。

　今回取材した企業博物館のうち、施設名に「未来」「みらい」という言葉が入るのは、「三菱みなとみらい技術館」「TDK歴史みらい館」「東芝未来科学館」「アルプスアルパイン未来工房」の4例である。ちなみに、日本博物館協会がウェブサイトで公開している会員館ガイドのなかで「理工」に分類される博物館は48館で、そのうち「未来」もしくは「みらい」が名称に含まれている公立の施設は「日本科学未来館」と「高知みらい科学館」の2館だった。

　企業博物館はなぜ未来を扱うのだろうか。カワサキワールドには運営母体である川崎重工業の歴史、そして船舶や鉄道、オートバイといった同社の事業を扱う展示があるが、一部に産業ロボットのコーナーがある。同社は従来から、重工業に加え、産業ロボットも手がけ、食品工業などにも参入を図るなど新規事業を展開している。現在は水素エネルギーの活用に関する技術開発を進めているが、取材した2017年は水素エネルギーが注目されはじめ、一般のニュースにもなり始めたころだった。

　トヨタ自動車の水素自動車MIRAIの初代モデルが発売されたのは2014年

のことだ。地球温暖化防止の観点から火力発電のCO_2排出量が問題視されると同時に、水素発電、水素自動車に注目が集まっている。川崎重工業では、21年に水素発電の実現を目指して、オーストラリアからの水素の運搬、水素を使った発電所、水素供給のチェーンを実現させるべく、世界初の国際液化水素サプライチェーン構築実証試験を開始している。

　2017年の取材時点では水素に関する展示はなかったが、同社の広報部門の責任者である同館館長から寄せられた回答は、カワサキワールドは自社の事業を表現する場であるという内容だった。この回答は企業博物館が未来を扱うことをどうとらえているのかを考えるうえで重要だ。未来を扱うということには、自社の技術開発に関する興味を喚起し、技術に対する期待や憧憬を涵養したり、企業の技術力や志をアピールする効果がある。

　三菱みなとみらい技術館の名称にある「みなとみらい」は、同館がある「みなとみらい地区」に由来するものだろう。だから、館名に「みらい」をつけた企業博物館としてカウントするのは適切ではないかもしれない。しかし、技術が形作る未来を想起させるには十分な名称で、未来に対するイメージが湧き起こることを期待して地区名を入れた可能性も十分考えられる。

　これらの企業が一般の人々とのインターフェースになる企業博物館の名称に冠している「未来」という言葉が日本や世界全体の未来を念頭に置いているかといったら、そうとはかぎらない。あくまでも、自社の技術が未来を引き寄せる力になるというイメージを形成するという意味合いが大きい。しかしそうであっても、子どもたちに「技術の発展が幸せな未来を作る」と感じてもらうことの効果は小さくない。

4-11　博物館であることの否定

　ここまで、企業博物館が博物館であることのほかにさまざまな機能を含んでいることをみてきた。しかし、何か違和感がある。このとらえ方は「博物館＋α」といった図式で、それは「「企業だから」博物館であっても＋αが許容範囲とみなされる」ということなのだろうか。それは実態を反映した冷静な見方なのだろうか。私がずっと疑問に思ってきたことを、思いきって聞いてみた。「この施設は博物館なのですか」と。

パナソニックミュージアム松下幸之助歴史館（大阪府門真市）に取材を申し入れたとき、次のような発言を聞いた。「あくまで創業者の志と精神を受け継ぐ場なので、〔調査依頼時に〕「企業博物館」といわれたとき、分類としてはそこに入るかもしれないがものを残すことに主眼を置いていないという点で、少し違うという感覚をもった」と。

　パナソニックミュージアム松下幸之助歴史館は、2018年当時は松下幸之助歴史館だけで、現在のように製品の展示は多くなかった。創業者の松下幸之助が自らの経営や事業に関する考え方を残し伝えていくために設立したこの施設では、幸之助の言葉、映像、音声にふれることができる。19年のリニューアル以降は、別棟の「ものづくりイズム館」で自社の歴史的製品を展示している。だが、やはりそれよりも松下幸之助の哲学を伝える場という役割が大きい。ここでは社員研修はもちろんのこと、上司が部下に説明している姿が見られるほか、著名な経営者といわれる人も松下幸之助に会いに訪れるという。

「博物館といわれることへの違和感」という考え方は企業博物館に特有のものだろう。カワサキワールドの鳥居も企業博物館は博物館であるか、という問いに対して、「博物館にはあたらないと考えている。企業博物館は、企業という事業活動を営んでいる組織を母体とし、一般的な博物館とは一緒にはできない。いわゆる歴史博物館ではないと考えている」とはっきり回答している。また、シチズン時計も「時計博物館ではなく、企業のミュージアムという認識である」と回答している。こうした発言は、博物館法の規定に照らして博物館とはいえないといっているわけではない。そもそも目指していないのだ。企業博物館と呼んではいるものの、○○博物館という名称を冠している施設はごくわずかである。社名や創業者名、産業や製品名に、資料館、史料館、記念館、技術館、科学館とつけている施設がほとんどだ。企業博物館は、施設の構造や展示の仕方といった手法や周辺の環境や雰囲気が博物館によく似た形態だったから連想したにすぎない呼称なのだ。われわれは「博物館」という言葉の寛容さに許された結果、企業博物館という総称を都合よく使ってきたのではないだろうか。

注

（1）前掲「資産としてのビジネスアーカイブズ」423ページ

（2）前掲『社史の研究』2-8ページ

（3）前掲「企業博物館と競争優位」47ページ

第5章 企業博物館の全体像を
つかむことはできるのか

5-1 企業博物館の悉皆調査は可能か

　ここまでの考察で、企業博物館の機能や施設に込められた企業のまなざしがみえてきた。しかしその根拠になるのは、取材した14館で得られた情報だけである。インタビューでは各企業や施設の姿勢などを詳しく聞くことができたが、さらに多くの施設を対象に情報を集めれば量的な把握によって全体の傾向もつかめるだろう。企業博物館設置の意図や運営・活用の実態を量的に把握するため、取材で得た内容を反映させて大規模なアンケート調査をおこなった。

　まずアンケートをおこなう範囲をどう定めるかが問題になった。アンケートを送付するには送付先リストがなければならないが、そのリストを作成すること自体が企業博物館の範囲や定義を定める作業になってしまう。企業博物館の正式な総数は把握されているわけではない。論説によっては500館とも700館ともされているが、ここに含まれる施設のリストは公表されていないばかりか、どのような基準でカウントしているのかも明らかにされていない。

　県や市など行政区の単位で出されている観光情報などを使ってピックアップすることができるかトライしてみたが、これらの情報には工場見学施設や公共事業を周知するPR館なども多く含まれていて、ウェブサイトごとに選択の基準もさまざまだった。これでは、調査にならない。そもそも、PRや集客を目的とした情報源をもとにして、「この施設の目的は何ですか?」と聞くのは前提としておかしい。企業博物館を集めた出版物や冊子などもあるにはあるが、刊行後に休館やリニューアル、名称の変更や移転などがあり、

発表時点の情報が古くなっていることも多かった。何より、企業博物館について知りたいのは、館そのものではなく企業の目的を起点とした情報である。「すべての企業博物館」のリストが存在しない以上、企業博物館の悉皆調査をおこなうなど、不可能である。では送付先をどのように設定するか。調査にあたってさまざまな可能性を検討した。長く企業博物館業務に関わる人にも相談したが、やはり答えは「悉皆調査は無理だ」というものだった。

　企業博物館を特定する既存の方法がないなら、その方法を考え出さなければならない。まずはどの範囲で網をかけるかだ。この場合、小さい網では取りこぼしの可能性が大きくなる。思いきって広範に網を張る必要がある。ではどうするか？　国内のすべての株式会社か？　株式会社は日本に何百万社と存在する。ごく小規模な商店やベンチャー企業も数多くある。社長1人とか従業員2人という企業だってある。日本全国すべての株式会社を対象にするのはあまりにも無謀だ。

　では株式市場に上場している企業はどうだろう。企業博物館を設置する企業は、ほとんどの場合創業から50年以上が経過し、ある程度の事業規模や従業員数、売り上げ、知名度（一般的な知名度は低くても業界内では認知されている）があるだろう。それでは東証一部上場企業ではどうか。そのような条件の会社が、東証一部上場企業のなかでどのくらいあるのか、企業博物館を有している会社の割合はどうなのかまったくの未知数だったが、これも含めて実験してみた。観光案内に掲載されている「行ってみたい博物館」や、2003年に出版された日外アソシエーツ編集部編『新訂 企業博物館事典』（日外アソシエーツ）などに掲載されない、ごく限られた範囲でだけ広報していたり、観光とは異なる目的の施設や、最近設立された施設に出合えるかもしれない。大きく網をかけ、かぎりなく悉皆に近づけることが必要だ。東証のほかにも株式市場はあるが、規模を考えるとやはりこれだろう。この方法で進もうと決めるまでにそれほど時間はかからなかった。

　もう1つ忘れてはいけないことがある。それは、企業博物館を設置している企業のなかには、上場していない企業があることである。限られた投資家からの資金で資本金を用意し、ある程度の事業規模を展開して歴史を重ねている会社は少なくない。株主がオーナーやその関係者である場合や、事業収益で運転資金を調達できれば、市場に資金調達を求める必要はない。私は、株主がいないもしくは身内だけの非上場の企業は、企業博物館を設置しや

すい傾向があるという感触をもっていた。これはあくまで感触にすぎないが、それでも調べていくと非上場企業が企業博物館を運営している例は少なくない。非上場企業の企業博物館は別途わかる範囲でリストアップした。

　こうして送付先を東証1部上場企業（2019年2月時点）のすべてと設定し、加えて、あらかじめ企業博物館を設置していることがわかる非上場企業を調査して合計2,301社を対象に調査を実施した。[(1)]

5-2　博物館として調査研究をおこなっているか

　2週間ほどたつと、アンケートの回答が届き始めた。質問用紙を送った2,301社のうち、回答があったのは、上場企業2,126社中250社（回答率11.8％）、非上場企業は175社中27社（回答率15.4％）、合計277社だった。上場企業250社のうち企業博物館を設置していると回答した企業は56社で、非上場企業の回答27社と合わせて83社が企業博物館を設置しているという回答だった。

　いずれも回答率は10％台で、これで企業博物館の全体像を知ることができるのかという疑問は残る。実態の把握というには限定的といわざるをえないが、このこと自体が企業博物館の全体像をつかむことの難しさを表しているといえる。

　まず、設立の理由についてみていこう（表5-1）。企業はなぜその施設を設立したのかという問いに対しては、「企業の社会的責任」の45.8％が最も多かった。この結果では、CSRの「ために」設立したとも読み取れる。さらに、「資料等が集積したため」28.9％と続き、「周年事業」という回答が25.3％だった。創業や創立などを区切りとして自社の存在や印象付け、社内外にその存在を周知させるイベントとして、また、社内・社外をともに対象にして、将来的な活用の広がりも視野に入れた複合的な効果を得るためのツールとして、企業博物館の設立が選択されたと考えられる。

「その他」という回答の記述が興味深い。「本社ビルの完成に伴い設置した」「科学教育の普及のため」「見学者が多いため」「松脂を原料とする化学産業の周知のため」「創業者の業績を顕彰するため」「従業員に向けた意識醸成を図る」「当社のものづくりへの思いを感じてもらいたい」「地元地域への

還元」「歯科の歴史を伝えるため」などだ。これらの回答で語られている内容は「企業史料の保存」「社員教育」「社会教育」「CSR」に含まれるといえるだろう。また、本社ビルの完成とともに設置したという例からは、周年事業や地元自治体との協定によって社会貢献に資する施設を設置したという背景がうかがえる。

　博物館としての活動をおこなっているか否かについても確認しておきたい。表5-2は、「資料の収集」「展示以外の資料の保有」「資料の調査・研究」「研究をもとにする教育活動」「活動報告の公開」「学芸員」「資料収集・研究の専門部署」の有無を聞いた結果である。資料を「収集している」という回答は半数強の54.9％だった。また、「展示以外の資料の保有」は71.8％だが、「資料の調査・研究」をしているのは37.7％。「研究をもとにする教育活動」は34.3％だった。資料の集積はあるものの、必ずしもそれをもとにした研究や研究結果を生かした教育活動をしているわけではない。「活動報告の公開」は18.3％、「学芸員」の有無は21.1％、「資料収集・研究の専門部署」の有無は20.8％が、「ある」という回答だった。

「展示以外の資料の保有」は71.8％と、比較的高い数字を示した。取材でも、施設のバックヤードや自社の工場、倉庫などに資料を保管しているという事例があり、取材で聞いた内容と一致している。企業博物館の役割として自社史料の保存・保管というアーカイブズの機能があるとすれば、これにあたるだろう。自社が製造・使用した製品が、自社工場や営業所、倉庫など各地に残されていることも考えられ、これらの所在や保管の有無などの調査をおこなっていると考えられる。

「活動報告の公開」と「学芸員」の有無は「資料収集・研究の専門部署」があると回答した企業が20.8％であることとほぼ一致する。一方、取材では、企業博物館の目的は自社史料の保存と回答した企業が複数あったことと、アンケートでの「資料の収集」の有無、「展示以外の資料の保有」などは一致する結果になっている。「資料の調査・研究」「教育活動」「学芸員」の有無などの結果からは、博物館と同様の活動は必須ではないという意識が推測できる。

　では、これらの施設をどのような場所に設置しているのだろうか。設置している場所を聞いた結果（表5-3）、「本社敷地」という回答が31.3％、「本社以外の自社敷地」が49.4％であり、合計すると自社の敷地内に設置している

表5-1　設立の理由（複数回答）（筆者作成）

n=83

	周年事業	経営上の理由	資料等が集積したため	企業の社会的責任	その他
件数	21	14	24	38	22
割合（%）	25.3	16.9	28.9	45.8	26.5

表5-2　資料の収集、展示以外の資料の保有、調査研究、教育活動、報告の公開、学芸員、資料収集・研究の専門部署の有無（筆者作成）

n=83

	資料の収集	展示以外の資料の保有	資料の調査・研究	研究をもとにする教育活動	活動報告の公開	学芸員	資料収集・研究の専門部署
あり（%）	54.9	71.8	37.7	34.3	18.3	21.1	20.8
なし（%）	45.1	28.2	62.3	65.7	81.7	78.9	79.2

表5-3　設置している場所（筆者作成）

n=83

	本社敷地	本社以外の自社敷地	自社以外	その他
件数	26	41	13	5
割合（%）	31.3	49.4	15.7	6.0

という回答は80.7%にのぼり、自社用地内での博物館活動が大半を占める結果になった。

　本社敷地内や工場内などを設置場所に選ぶことには、イニシャルコストやランニングコスト両面での合理性があり、社員、顧客、入社希望者などの利用を対象としたときには、業務を紹介する窓口として機能しうる。「自社以外」と回答した企業は15.7%であり、自社所有の用地や建物でない場所を選択する例は少ないという結果だった。例えば、カワサキワールドは神戸市立神戸海洋博物館内にあるが、担当者が「公立の施設に民間企業の施設が入居するのは珍しい例だろう」と述べていたことからも、自社以外の敷地や建物を利用することはあまり多くないことがわかる。一般の人の来館を前提とすれば、アクセスの問題が生じることもあるが、コストを考えれば自社敷地内を選択するのは自然なことだ。また、社員の利用を考えたときにも使い勝手がいいのではないか。休憩時間や終業後に気軽に立ち寄れるのは、社員にと

ってはメリットだ。

5-3 展示内容は「自社の歴史」がトップ

　ではいよいよ展示に迫ってみよう。表5-4は、施設の展示内容について聞いた結果である。「自社の歴史」が71.1%と圧倒的に多く、「代表的な製品」45.8%、「自社のアーカイブズ」44.6%、「自社（産業）の業務紹介」43.4%と続く。

　自社製品の展示のなかでは、「代表的な製品」という回答が45.8%と多く、次いで「創業当時の製品」31.3%、「現在販売している製品」が27.7%だった。「自社の歴史」や「自社のアーカイブズ」「自社（産業）の業務紹介」という回答は、取材で聞いた「自社がどのような製品を世に送り出してきたのかを示す場ある」や「ブランディング」という回答と一致する。この展示はまた、一般の来場者に対して自社が開発・製造・販売した製品がどのように社会に受け入れられてきたのかを示すことにもつながる。その製品が数十年前の生活用品であれば、一定以上の年齢の来館者には「そうそう、こういうのあった、あった」「うちも使っていた」などと懐かしさとともにかつての生活を思い出すきっかけにもなり、話に花が咲くことだろう。機械の内部に使われている部品の展示は、部品そのものにはなじみがなくとも、「自分が当時使っていたものは、このような技術に支えられていたのか」などといった感慨とともに受け入れられるかもしれない。これが技術展示のおもしろいところであり、その施設が観光資源になるなら来館者の体験の幅も広がるのではないだろうか。旅先でこうした展示に出合えば、帰宅してからも同世代や同業者などのあいだで話題にできるかもしれない。
「体験による学びや遊び」の36.1%という数字が、ヤンマーミュージアムのミニショベルカーのボールすくいやボートのシミュレーション体験が人気だったことにも表れている。体験を通して自社製品を強く印象づけることができる展示である。子どもを含め来館者の社会教育や体験を提供するCSRと、PR的な意味が混在する位置づけと結び付くだろう。
　ここで注目したいのは、展示の内容として自社や自社産業の将来像を扱っていると回答した企業が16.9%あったことである。企業博物館以外の博物館

表5-4 展示の内容（複数回答）（筆者作成）

n=83

	自社の歴史	創業者の人物像	創業当時の製品	代表的な製品	創業から現在までの全ての製品	現在販売している製品	自社製品以外の製品
件数	59	24	26	38	1	23	16
割合（%）	71.1	28.9	31.3	45.8	1.2	27.7	19.3

	自社のアーカイブス	自社（産業）の業務紹介	自社（産業）の将来像	体験による学びや遊び	科学館／技術館（科学や技術の基礎）	その他
件数	37	36	14	30	6	14
割合（%）	44.6	43.4	16.9	36.1	7.2	16.9

では未来を扱うことはほとんどなく、まだ世に出てはいないけれども自社が開発に取り組み、新しい時代を作っていく技術を示すことは、取材でも聞くことができた「未来を語る」部分とも一致し、企業博物館に特徴的なことだといえる。

5-4　企業博物館は誰を対象としているのか──「顧客」がトップ

　企業博物館は誰を対象にしているのか（表5-5）。対象を「設定していない」という回答が32.5％で3分の1を占めたが、トップは「顧客」の37.3％だった。対象者のトップが顧客というところには、社会貢献はもちろんするが、主目的は顧客案内であるという企業の本音がちらりとのぞいているようにも思う。

　「顧客」を対象にしているという回答が最も多いのは、企業博物館に営業活動に関わる機能を期待していることの表れだろう。施設に顧客を案内することで、文書や口頭だけでは伝わりにくい自社の情報を伝え、自社への理解を促進し、信用を得るためのツールとして企業が必要な機能であると位置づけているという取材の内容とも一致する。

　館内は、顧客との話題になる素材が豊富にある。自社の知識や技術の高さ

表5-5　企業博物館が対象とする人（複数回答）（筆者作成）

n=83

	設定していない	未就学児	小学生	中学生	高校生	大学生・大学院生	成人	業界他社で働く人
件数	27	6	23	15	13	20	24	15
割合（%）	32.5	7.2	27.7	18.1	15.7	24.1	28.9	18.1

	顧客	行政関係者	研究者	教育関係者	博物館関係者	校外学習など団体	その他
件数	31	9	12	13	6	20	13
割合（%）	37.3	10.8	14.5	15.7	7.2	24.1	15.7

を語ることができる空間であり、一定の時間を共有して今後の関係構築につなげるツールとしての機能を果たしうる。そこで交わされる対話は、直接的な販売や、歴史や技術についての単純な情報提供だけではなく、広さや深さを伴ったものになることが想像できる。また、案内者、顧客相互の人柄の理解が促進される可能性もある。企業博物館の運営によって、会社の信用が高まるという面で業務に貢献していると考えているという取材の結果とも一致する。この結果は、企業博物館の機能のなかで、PR・企業ブランド向上とともに営業のツールとして有効であり、企業博物館の機能の小さくない要素であることがわかる。

　表5-1で示した「設立の理由」で、45.8%の企業が「企業の社会的責任」と回答しているものの、その主な対象と考えられる「小学生」「中学生」「高校生」そして「校外学習など団体」は30%以下にとどまっている。ただ複数回答可の設問であるため、各項目を足し上げれば設立の理由が「企業の社会的責任」と回答した企業が45.8%という結果と齟齬があるとまではいえない。大学生・大学院生を対象としていることは、入社希望者を案内して企業理解を深めることと合致する。

5-5　企業博物館にはどんな機能が期待されているのか

　企業博物館に企業が期待する機能を量的にみていきたいというのが、調査の大きな動機だった。前章では取材を通して企業博物館の目的や活動を表す

表5-6　企業博物館に期待する機能（複数回答）（筆者作成）

n=83

	自社史料の保存	社会教育・公共的役割	博物館機能	技術的史料・製品の保管	技術者教育（社外含む）	自社や製品のPR	自社ブランド向上
件数	36	29	24	24	11	28	35
割合（%）	43.4	34.9	28.9	28.9	13.3	33.7	42.2

	業界認知度の向上	新たなブランディング	社員や会社のアイデンティティーの形成	社員教育	社員交流の場	イノベーション・アイデア創発	CSR活動
件数	27	4	34	32	3	8	26
割合（%）	32.5	4.8	41.0	38.6	3.6	9.6	31.3

「文化施設」「CSR」「インターナル・コミュニケーション」「アーカイブズ」「アイデアの創出や技術開発のシーズ」「PRや企業イメージ向上」などのキーワードが得られ、それぞれのキーワードをより実態に即した目的や活動に分化した14項目（第4章を参照）を企業博物館の「機能」と呼ぶことにした（表4-1）。

　アンケート調査では、14の機能を選択肢として、自社の企業博物館にどのような機能を期待しているのかを尋ねた（表5-6）。機能として最も回答が多かったのは、「自社史料の保存」43.4％であり、次いで「自社ブランド向上」42.2％、「社員や会社のアイデンティティーの形成」41.0％、「社員教育」38.6％と続いた。「社会教育・公共的役割」「博物館機能」はそれぞれ34.9％、28.9％という結果だった。「CSR活動」は31.3％だった。わずかではあるが、館の担当者が将来の機能に関するアイデアとして語った「社員交流の場」という回答も3.6％あった。

　社員教育よりも、社員や会社のアイデンティティー形成のほうがわずかだが高い数値になった。単なる情報伝達より社員の精神性にはたらきかける要素として意識されていることがうかがえる。期待する機能という問いに対して、機能ごとの多い・少ないは観察できるものの、どれか1つが突出しているわけではなかったことも付言しておく。

　表5-7は、施設を管理する部署や機関を聞いたものである。管理は社内の部署が担当しているという回答が79.5％と圧倒的に多い結果だった。そのう

表5-7　施設を管理する部署（複数回答）（筆者作成）

n=83

	社内の部署	公益法人など	外部の機関に委託	その他
件数	66	7	9	8
割合（%）	79.5	8.4	10.8	9.6

表5-8　施設のスタッフ（複数回答）（筆者作成）

n=83

	社員	元社員（雇用）	元社員（ボランティア）	一般から雇用	一般のボランティア	運営会社に委託	その他
件数	47	9	1	11	2	11	7
割合（%）	56.6	10.8	1.2	13.3	2.4	13.3	8.4

ち多くは広報部で、次いで総務部だった。CSR部門、社長室、ミュージアム運営部という回答は各1社あった。企業情報の外部への発信や外部との接点になるのが広報部であり、企業博物館が広報ツールの1つと位置づけられるのは自然といえる。

　取材では、企業博物館をCSR活動の一環と考えているという声も複数聞かれたものの、大きな枠組みとしては広報部が管理していることから業務上の合理性がある可能性がうかがえる。表5-8は、施設のスタッフにどのような人材が充当されているかを聞いた結果である。「社員」が56.6％であり、「一般から雇用」「運営会社に委託」「元社員（雇用）」がそれぞれ10％程度の回答だった。

　施設を広報部もしくは総務部が管理し、スタッフには社員を充当して活動していることからも、企業博物館の活動は企業の業務の一環であり、恒常的に会社の部門として扱われ、「博物館施設」として独立した存在ではないことが濃厚である。

　施設の活動が経営状態の影響を受けるか否かについて聞いた結果を表5-9に示す。影響があると回答している企業は21.1％にとどまっている。取材では多くの会社が業務との関連は必然であると回答していたことを考えると、低い数字である。

　表5-10は、経営の影響を受ける内容の結果である。影響を受ける内容として最も多かったのは、「予算」で64.7％、「ワークショップや講演会の内

表5-9　経営の影響（筆者作成）

n=76

	あり	なし
件数	15	56
割合（%）	21.1	78.9

表5-10　経営の影響の内容（複数回答）（筆者作成）

n=71

	予算	展示内容	ワークショップや講演会の内容	休館等の検討
あり（%）	64.7	23.5	29.4	29.4
なし（%）	35.3	76.5	70.6	70.6

容」「休館等の検討」が同数で29.4％、「展示内容」23.5％と続いた。

5-6　展示内容と期待される機能に有意な関係はあるのか

　企業は企業博物館に何を期待しているのか。いま一度アンケートの結果から検討してみる。このアンケートでは、展示の内容や対象者、そして期待される機能を聞いた。「展示内容」と企業博物館が期待されている「機能」をさらに検討することで、企業の本来の意図が分析できそうだ。企業は企業博物館の機能を発揮するためにどのような展示が有効と考えているのだろうか。またその逆に、展示の内容から、期待されている機能を割り出すことができるのではないだろうか。展示と期待される機能の関係を追ってみたい。

　例えば、創業初期の製品、創業者の志や苦労話、自社製品などの「自社の歴史」を展示しているのであれば、「社員教育」や「アーカイブズ」といった機能が求められているという関連がみえるだろう。それぞれの数値の多寡だけではなく、どのような展示によってどのような機能を期待しているのか、また、どのような機能を求めてどのような展示を選択しているのか、「展示内容」と「機能」の関係を検討することで、求めている機能をより明確にすることができる。そこで、展示内容と期待する機能のクロス集計をした結果が、図5-1である。

だがこれをみても、どの項目にも微妙に差は生じているものの、顕著な傾向があるとはいえない。どの機能に対しても、展示内容は「自社の歴史」が一定程度の割合をもっている。次いで、「自社のアーカイブズ」「代表的な製品」「創業者の人物像」なども同様であり、ある機能に対して突出した特徴は、クロス集計では観察されなかった。

　クロス集計では顕著な差がみられなかったため、統計処理を試みる。「機能」14項目と、「展示内容」12項目について、より関連の強い項目を抽出するために、14×12の合計168通りに関してカイ2乗検定（$p < 0.05$）をおこない、有意な関係がある組み合わせを表5-11に表した。数字で示した項目が「機能」、アルファベットで示した項目が「展示内容」である。

　「1. 自社史料の保存」と有意な関係になった展示は、「a. 自社の歴史」「b. 創業者の人物像」「c. 創業当時の製品」「h. 自社のアーカイブズ」の4点だった。「2. 社会教育・公共的役割」と有意だったのは「g. 自社製品以外の製品」、「3. 博物館機能」と有意になったのは「c. 創業当時の製品」のそれぞれ1点、「4. 技術的資料・製品の保管」では、「g. 自社製品以外の製品」と「h. 自社のアーカイブズ」の2点が有意になった。

　14の機能のなかで、有意になった展示内容が多かったのは、「社員教育」で6点だった。その次に「自社ブランド向上」の5点、それに次いで、「自社史料の保存」の4点だ。逆に少ないのは「社会教育・公共的役割」「博物館機能」「技術者教育（社外含む）」「新たなブランディング」「CSR活動」で、各1点だった。「社員交流の場」「イノベーション・アイデア創発」では、有意な展示内容はなかった。

　企業が企業博物館に最も期待しているのが社員教育の機能だという結果は、どの取材先企業でも社員教育の機能があると回答していたことと一致する。そして自社ブランドの向上。自社で運営する施設で自社をアピールできる展示を充実させたり、広報活動に使ったり、プロモーションなど営業活動を担えるポジションで使いたいと考えるのはごく自然なことだ。だがその一方で、「社会教育・公共的役割」「博物館機能」と有意になったのは1点という結果だった。前提を「博物館」として、企業博物館が先にあって、それを業務にも活用する、という図式はますます遠のいていくように思えた。

　それぞれの機能と有意になった展示内容をみていこう。「自社ブランド向上」「自社史料の保存」では、展示内容は、「自社の歴史」「創業者の人物

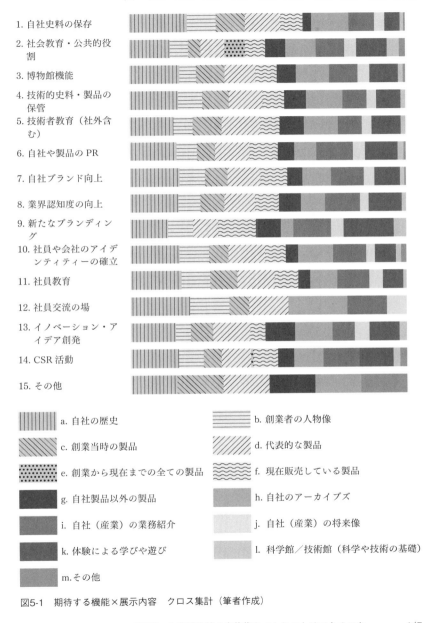

凡例（横軸）：0% 10% 20% 30% 40% 50% 60% 70% 80% 90% 100%

縦軸項目：
1. 自社史料の保存
2. 社会教育・公共的役割
3. 博物館機能
4. 技術的史料・製品の保管
5. 技術者教育（社外含む）
6. 自社や製品のPR
7. 自社ブランド向上
8. 業界認知度の向上
9. 新たなブランディング
10. 社員や会社のアイデンティティーの確立
11. 社員教育
12. 社員交流の場
13. イノベーション・アイデア創発
14. CSR活動
15. その他

凡例：
a. 自社の歴史
b. 創業者の人物像
c. 創業当時の製品
d. 代表的な製品
e. 創業から現在までの全ての製品
f. 現在販売している製品
g. 自社製品以外の製品
h. 自社のアーカイブズ
i. 自社（産業）の業務紹介
j. 自社（産業）の将来像
k. 体験による学びや遊び
l. 科学館／技術館（科学や技術の基礎）
m. その他

図5-1　期待する機能×展示内容　クロス集計（筆者作成）

表5-11　施設の機能と有意になった展示内容（筆者作成）

（$p<0.05$）

1	自社史料の保存	a.	自社の歴史
		b.	創業者の人物像
		c.	創業当時の製品
		h.	自社のアーカイブズ
2	社会教育・公共的役割	g.	自社製品以外の製品
3	博物館機能	c.	創業当時の製品
4	技術的資料・製品の保管	g.	自社製品以外の製品
		h.	自社のアーカイブズ
5	技術者教育（社外含む）	g.	自社製品以外の製品
6	自社や製品のPR	f.	現在販売している製品
		i.	自社（産業）の業務紹介
7	自社ブランド向上	a.	自社の歴史
		b.	創業者の人物像
		d.	代表的な製品
		f.	現在販売している製品
		i.	自社（産業）の業務紹介
8	業界認知度の向上	g.	自社製品以外の製品
		i.	自社（産業）の業務紹介
9	新たなブランディング	f.	現在販売している製品
10	社員や会社のアイデンティティーの形成	b.	創業者の人物像
		d.	代表的な製品
		h.	自社のアーカイブズ
11	社員教育	a.	自社の歴史
		b.	創業者の人物像
		c.	創業当時の製品
		d.	代表的な製品
		f.	現在販売している製品
		i.	自社（産業）の業務紹介
12	社員交流の場		有意なし
13	イノベーション・アイデア創発		有意なし
14	CSR活動	i.	自社（産業）の業務紹介

像」の2点が共通していた。「社員教育」と「自社ブランド向上」では、「自社の歴史」「創業者の人物像」「代表的な製品」「現在販売している製品」「自社（産業）の業務紹介」が、また「社員教育」と「自社史料の保存」では、「自社の歴史」「創業者の人物像」「創業当時の製品」が共通するという結果になった。さらに、「社員や会社のアイデンティティーの形成」では、「創業者の人物像」「代表的な製品」「自社のアーカイブズ」の3項目の展示が有意であり、「自社史料の保存」「自社ブランド向上」「社員教育」ときわめて共通性が高い。自社の企業博物館で創業者の志や新規性など企業に関する内容や歴史を示すことによる自社の構成員のアイデンティティーの形成やブランド向上などの機能が企業博物館に強く期待されていることがうかがえる結果になった。

　一方、CSR活動は有意な展示が「自社（産業）の業務紹介」にとどまった。これまで企業博物館は企業のCSR活動の一環であり、社会サービスとしておこなっているという見方が一般にはあった。しかしその考え方は社会教育とCSRには親和性があるという印象に影響されている可能性があり、展示と機能の有意な関係にはあたらないことから、必ずしもCSRだけが企業博物館設置の理由とはならないと結論づけられる。今回のアンケートでは、設立の理由を聞いているが、CSRを「目的として」設立したのか、もしくはCSRも「視野に入れて」設立したのかは、正確に計測しきれていない。

　取材での「博物館であるか」という問いに対し、ほかの理由に優先して「博物館である」と回答することが多数とはいえないことが明らかになったが、これは「社会教育・公共的役割」「博物館機能」がともに有意だった展示内容が1項目であることとも共通することがうかがえる。「技術者教育（社外含む）」「新たなブランディング」も1項目である。技術者教育という言葉が指す範囲は広く、三菱重工業長崎造船所史料館の取材で聞かれたような、「技術者としてどうあるべきかという精神性を育む」という意味で使われる場合と、技術的なスキル向上を指す場合がある。企業博物館では、前者については意義ある教育施設になりうるが、後者については各社ともほかの部署などで研修や留学、OJTなど、綿密な育成システムがすでに存在することが考えられ、専門性などの観点から企業博物館には適さないという判断もあるかもしれない。

注

（1）アンケート発送先のリスト作成と発送は帝国データバンクに依頼した。

第6章　非公開の施設は企業博物館と呼べるのか

6-1　非公開施設の目的は何か

　取材を進めるなかで、非公開の企業博物館があるという事実に向き合うことになった。「非公開の企業博物館」と聞いて少なからず違和感をもった読者もいることだろう。私もそうだった。非公開施設を加えるのはいかがなものか、それは企業博物館ではなく、単なる研修施設ではないのかと自問した。

　これは確かに、これまで目にしたことがなかったテーマである。博物館について検討するとき、そこに非公開施設を含めることに矛盾を感じるのは無理もないことだ。なぜなら博物館は、公開する施設という文言が博物館法にあるだけではなく、博物館関係者にとって不特定多数の人を受け入れてこそ博物館であるという考え方は長く慣れ親しんだものであり、社会教育を担う人の矜持の一部として深く浸透しているからだ。それだけに、「非公開施設は博物館か?」という問いは、「企業博物館は博物館か?」という問いと裏表の関係にあるともいえる。

　企業博物館が一般的な博物館活動をするだけではなく、地域の社会教育や母体企業の社員教育・社員のアイデンティティー形成、PR活動といった機能を担っていることを考えれば、公開の原則だけが特に堅持され、非公開というだけでこれを排除するのはあまりに恣意的ではないだろうか。また、企業博物館の取材では自社の施設は「博物館ではない」と認識している例もあった。本書が扱う施設群を「企業博物館」と呼ぶことがはたして妥当なのか、と私は疑っている。博物館であるかどうかも検討課題になっているのに、博物館ではないことを理由に検討対象に含めないのでは、思考を途絶えさせてしまう。ここは既成の概念にとらわれず、企業博物館の可能性を広範に検討

することが必要である。研修施設や顧客をはじめとした取引先を案内するといった機能と非公開施設の役割は共通性が高い。

　対象者を社内や関係者に限定した、専門性の高い展示施設が存在することが取材で明らかになっている。その施設の詳細はここでは明らかにできないが、歴史的な資料を多数所蔵していて、対象者は、顧客や研究者、また社内アーカイブズとして社内の技術者も活用している。しかし資料は専門性が高く、専門外の人が展示を見るだけで理解し、その資料的な価値を認識することは難しいだろう。だが、一方で専門的な知識をもつ人には、深い観察ができる場所になっている。グループの来場者にはアテンドして見どころなどを説明することが可能だ。

　この施設の資料は研究対象として博物学的な意義を検討することもできるだろう。しかし、資料の数や質が十分で一般の支持を得られることが予想されるものであっても、公開するか否かは企業によって判断が分かれるところだ。一般に公開するには資料の充実、受け入れ施設のオペレーションの整備、ラベルや解説資料の整備、質問などへの回答、広報活動、場合によっては定期的な企画展の開催など、業務の幅が大きく広がっていく。展示施設を専門性の高い人だけを対象として業務に生かすか、一般の人々を受け入れて例えばCSR事業とするのかは、経営的な視点を含めた検討を要する。それでも、例えば国内、さらには世界でも貴重な資料やコレクションを有し、それらをアーカイブする空間を「企業博物館ではない」と断定することは、企業のアーカイブズの価値を狭めてしまうように思う。このような施設は研修施設ととらえるのが妥当ではないかという意見も当然あるだろう。実際、自社製品を集約し、社員の研修施設として使用している企業博物館も存在する。

　シチズンミュージアムも非公開の施設である。資料の展示や全体の構成、空間デザインなどは公開施設と思えるほど整備された場所である。しかし会社としては、「社員一人一人がプレゼンター」であることを目指して社員が学び、顧客などを案内する施設という位置づけで非公開であることを積極的に選択していた。館内のレストアルームでは、技術者OBらが製品を動態保存するための作業を通して、部品製造、組み立て、調整などの各段階での技術継承をしている。すべての資料を修理するわけではなく、一部は製品がどのような破損の仕方をするのかという具体的な情報を残すため、あえて修理をしないというから、技術資料の保存も意識しているといえるだろう。同社

の中期計画にはスマートウォッチと機械式時計の技術者養成が含まれていることから、事業計画に即した技術者を養成するという意味合いも大きい。顧客をはじめとした限られた来館者が修理に従事するベテラン技術者たちの姿を目にすれば、同社の姿勢、技術に対するまなざしや迫力が伝わるだろう。このような技術継承の場がミュージアム内にあることが、シチズン時計にとってのミュージアムの位置づけをより明確にしていると思う。社員の学びの場であること、スキルだけではなくスピリットも身に付けること、創業以来のサービスや技術を次世代も着実に受け継ぐこと、そして会社の将来への計画の一部としてミュージアムが機能しうることを示した例といえるのではないだろうか。

　シチズン時計の担当者は、「シチズンミュージアムは時計博物館ではなく企業のミュージアムではあるが、その線引きは難しい」と述べている。博物館に酷似した展示施設であっても、その目的が社員教育や営業対応など、内部もしくは関係者だけを対象としているのであれば、公開は必須条件にはならない。むしろ、対象が社員や顧客だけであれば、業務や技術に関わる知識や背景を共有しているため、専門性がより高い内容を扱うことが可能になる。また、高度な内容の展示を一般向けにわかりやすくしたり、解説を付け加えたりするなどの配慮の必要性は低くなる。対象が関係者ばかりであれば、難解であるとか、貴重であっても状態に問題があるとかといった一般公開には適さない資料を扱う可能性も生まれるだろう。

　企業博物館の調査をしている丹青研究所の石川貴敏は、自社の製品などをアーカイブする施設として非公開施設を有する例はほかにもあり、そのなかには将来公開する予定のものも含まれるが、公開するか否かは企業の資産をどのように活用するかといった経営判断による、と話していたことがある。PRの目的で使うのか、もしくは社員教育や研究・開発のリソースとして活用するのかなど、経営側の目的の設定と活用の方法が公開・非公開を分けている、というのが石川の見方である。

　アルプスアルパイン未来工房は非公開ではないが、本社の2階にあるという立地や、資料のほとんどが小さいものでスペースも比較的コンパクトなため、常に大勢の来館者を迎えるという体制ではない。この施設はもともと、社員のための研修センター内に設置されたものである。2012年に現在の本社を新築した際、いまの場所に移動させ、アルプスアルパイン未来工房とし

てオープンするに至った。見学者は社員がアテンドすることになっていて、申し込みが必要だ。部品メーカーである同社は最終製品はほとんど提供していないため、誰もが知っているかまたは使用したことがある著名な製品の部品も多く手がけているものの、その部品製造や組み立てを同社が担っていることはあまり知られていない。内部の電子部品を目にしたことがある人は少なく、説明がなければ十分に理解することが難しいのも事実である。

　アルプスアルパイン未来工房は同社のアーカイブズとしての機能に加え、現在でも自社や関連会社の社員などの研修施設としての役割が大きい。同館では、電気製品などの普及を支えた多くの部品を開発して社会や生活に貢献してきた同社の歴史を示している。若い技術者が実際に製品を見て、自社の技術を知る場にもなっている。主な来館者は新入社員や出張などで訪れた海外の社員のほか、顧客や商談相手、地域住民や社員の子ども、株主、同社OB、そのほかの関係者などである。

　若い社員、特に技術者にとっては、自分がいま携わっている技術が、どのように作られ、どのような変遷を経て現在の姿になっているのかなどを感じ、学ぶことができる施設として重要だと同社は考えている。例えば、GPSがなかった往時のカーナビシステムなど、技術者が工夫を重ねてきた歴史を次世代に伝えることが、施設の目的の1つになっている。

　研修施設から公開施設になったのがミツトヨ測定博物館だ。研修施設の資料が増え、それらの整理が進んだことから公開するに至った。この変化の流れはアルプスアルパイン未来工房と似ていないだろうか。企業博物館の役割が変化しうることはすでに述べた。施設の役目や扱いは母体企業の事業領域によっても変化するが、資料の保存や数量によっても変化する。また、保存や研修といった目的で設置された場所やスペースが、企業博物館のスタイルに移行していくこともあることが明らかになったといえるだろう。

　非公開施設については、これまでの企業博物館に関する先行研究では言及されていなかったが、私はこれまでの取材や調査から、非公開施設も展示施設として扱い分析すれば公開施設との連続性が認められると考えている。見方を変えれば、企業博物館は施設の目的に照らして公開もしくは非公開を選択して活用する施設である可能性も考えられる。その企業博物館が、社員のアイデンティティーの形成といった内部に向けた訴求を目的にしているのならば、公開施設であることは必須条件とはならないのである。

6-2　アンケートからみえた非公開施設

　取材の結果から、1社の非公開施設の存在が明らかになり、また2社については その存在を一般には明らかにしていないことがわかった。また、公開施設ではあるが自社の社員を対象の中心に置いている施設もあった。

　企業が自社の施設を企業博物館であると認めていても、一般には非公開にしているケースはどのくらいあるのだろうか。アンケートで非公開施設の有無を尋ねた結果、27.7％の企業が「ある」と回答している（表6-1）。4分の1以上の企業が非公開の企業博物館を設置していると回答したのである。これまでの企業博物館を扱った論文で非公開施設に言及したものはみられなかったが、30％近くの企業が非公開施設を有しているというこの結果は、非公開施設はごく一部の例外的な事例ではなく、一定の必要性が認識されていると考えていいのではないだろうか。

　非公開施設の対象者について尋ねた結果が表6-2である。「社員（内定者含む）」が78.3％と最も多く、2番目に多いのは「取引先」69.6％という結果だ。シチズンミュージアムで聞いた「社員が自社のことをよく知り、経営の歩み、事業の展開などの歴史を把握して企業価値の認識を高める」「レストアルームを設けて資料である製品の動態保存を目指すとともに技術の継承を図る」という説明や、アルプスアルパイン未来工房の「電気製品などの普及を支え

表6-1　非公開施設の有無（筆者作成）

n=83

	あり	なし
件数	23	60
割合（％）	27.7	72.3

表6-2　非公開施設の対象者（複数回答）（筆者作成）

n=23

	社員 （内定者含む）	取引先	社員の紹介 がある人	入社希望者	その他
件数	18	16	10	8	4
割合（％）	78.3	69.6	43.5	34.8	17.4

た多くの部品を開発した自社の歴史を知るとともに、若い技術者が実際に製品を見て自社の技術を知る場とする」という説明など、自社の歴史を知ることによって社員のアイデンティティーを形成したり、企業の理念や精神性を体得したり、技術の歴史を知ったり、また具体的な技術継承の場として活用することが目的として語られていることと一致する。社員や顧客など業務に関わる分野で専門性の高い人を対象として、業務に対する信頼を得ること、展示を通して詳しい知識の伝達や議論の素材とする意図がうかがえる。

アルプスアルパイン工房は、もともと社員教育施設として設置された。アンケート結果の統計処理でも展示の内容と有意な関係があるとした機能のトップが「社員教育」だったことからも、非公開施設はインターナル・コミュニケーションなどを中心とした理由から設置されているとみるのが濃厚である。

顧客を非公開施設に案内することは、社員が自社について誇りをもって語る機会を作るだけではなく、顧客に、特別な場所に案内されたという感覚をもってもらうことにもつながるだろう。時間と空間を共有することが関係の構築にも寄与する。その効用は、受け入れ体制や見せるべきものを整理した展示という場があるからこそ発揮されるのであって、見本市などの限られた期間に設定された場や工場への案内など、そのとき生産・販売している製品を見せるだけでは得られない効果が非公開施設には期待できる。顧客を伴って一定の時間と空間を共有することで、案内される側は対話のなかで案内者の語り方、人への接し方、知識の深さや技術への矜持を感じ取る機会にもなるだろう。

展示ラベルは、対象者によって記述内容を変える必要があるが、非公開であれば専門性がより高い内容で対応できる。また、社員などの案内者を伴っていることが前提であればラベルは最小限でいい。

シチズンミュージアムのように社員がプレゼンターならば、来館者にただラベルを読んでもらうよりも、対話を重視し、展示と対話の双方を使ってコミュニケーションするほうが業務には有効だろう。案内板や常駐する人員、案内者のスキル、見学に関わる注意事項も公開施設の場合とは大きく異なる。公開施設とするのであれば、ウェブサイトや紙媒体をはじめとした広報活動や、一般向けの講演会やワークショップなどのイベントにも相応に対応することが必要になるが、非公開なら必要に応じて実施すればいい。施設管理の

面からも、入場者数が制限されることでメンテナンスの頻度が少なく抑えられる。その分のリソースを、自社の社員の意識やスキルの向上、顧客へのサービスに振り分けることも可能になる。

　企業が、社員教育や顧客など限定的な来館者へのアピールを目的にしているのであれば、あえて公開する必要性はない。公開施設の場合でも、施設の機能として社員教育を意識している企業が多いことを勘案すると、企業という装置を前提としたとき、公開施設と非公開施設には自然な連続性がある。企業博物館の全体像をつかむには、非公開施設を排除しないことが大切なポイントだと思えるのだ。

第7章　博覧会・見本市・展示会と 企業博物館

7-1　見本市・PR施設・企業博物館

　これまでの調査からじわりと浮かび上がってきたことは、企業博物館は、現代の見本市や展示会と共通する部分があるということだ。見本市や展示会は、企業が製品をアピールする場である点でPR施設などとよく似ているが、ここでは企業博物館を理解するための材料として注目したい。

　一般に見本市・展示会は、自社の誇るべき技術や最新の製品を展示して商談をするための場である。企業博物館の取材でも、企業の広報を統括する立場の担当者から「見本市・展示会は営業活動である」という回答を得ている。博物館の起こりが万国博覧会にあったことはよく知られているが、博物館が形成される前には世界の珍しいものを集めた「驚異の部屋＝ブンダーカンマー」が存在した。そしてまた19世紀後半からは、産業振興の目的で万国博覧会や内国勧業博覧会が開催されている。万国博覧会や内国勧業博覧会は、博物館の成り立ちの系譜に位置し、現代の見本市・展示会につながる。見本市・展示会は、企業博物館の機能の一部であるPR・企業ブランド向上、新たなブランディングの有力なツールだろう。例えば神戸市にあるUCCコーヒー博物館は、1981年に開かれた神戸ポートアイランド博覧会の折に作ったUCCコーヒー館がもとになっている。

　取材では、企業が、見本市・展示会で展示する素材を企業博物館の資料に求めたり、また見本市・展示会のために制作した展示品を会期終了後には企業博物館に収蔵したりする例がみられた。企業が営利活動をおこなうにあたって見本市・展示会に一定の価値や効果を見いだしているという実態と、企業博物館との類似性を観察することで、企業博物館をより相対的な視野で分

析することが可能になるだろう。

　企業博物館の起こりを博物館からの展開として考えるのではなく、博覧会に視点を移してその目的や効果について考えてみよう。平野暁臣は『万博の歴史』のなかで「万博は当初「国境を越えた産業技術の見本市」として出発した[1]」と書いている。当初の万博は、東京ビッグサイト（東京国際展示場）のような倉庫タイプの大型展示場を仮設で建設し、見本市のように区画してブースを作り、そこにものを並べるというスタイルだった。1851年、イギリス・ロンドンのハイドパークを会場に5カ月にわたり開催された万国博覧会[2]は、欧米の博覧会時代の始まりになった。その後、パリやウィーン、アメリカなどでも20世紀前半ごろまで次々と開催され、これらの博覧会・展示会は、博物館の発展や博物館そのものにも大きな影響を与えている[3]。万博がその後さまざまな演出や大がかりな装置の導入によって大きなイベントになっていくことは後述するが、平野の「誕生当初は東京ビッグサイトのような倉庫タイプの大型展示場を仮設で建設し見本市のように区画してブースを作り、そこにものを並べるというスタイル」という説明には注目すべきだろう。とりわけ、「東京ビッグサイトのような」と施設名を名指ししているところは興味深い。

　平野は、万国博覧会が各所に与えた影響とは、第1に国家規模の博物館が多く誕生したこと、第2に博覧会で人気を集めた展示手法が博物館に導入されたこと、第3に多くの一般大衆が見物に訪れていること、そして第4に、国内外の博物館の発達によって博物館を支える法制度や協力機関が生まれてきたことであり、1851年のロンドン万博、55年のパリ万博は、その後の数回にわたる万博とともに、近代万博の形式を確立し、国威宣揚、技術革新・誇示、産業振興、国民啓蒙、エンターテインメント性付与などの諸要素を備え、後世の万博の原型になった、と述べている。

　以下、1851年ロンドン万博、55年パリ万博、62年ロンドン万博、67年パリ万博の展示の分類をみておこう[4]。

　　［1851年および1862年ロンドン博の展示大分類］
　　Ⅰ　素材および同加工品
　　Ⅱ　機械

Ⅲ　製造工業品

Ⅳ　金属・ガラス・窯業製品

Ⅴ　他のさまざまな品

Ⅵ　美術品──絵画除く（1851年の場合）

［1855年パリ博の展示大分類］

Ⅰ　採掘業産品・農産品・素材加工品

Ⅱ　機械を用いた製造・加工品

Ⅲ　物理・化学・諸科学の研究を応用した生産品

Ⅳ　職業的専門技術による産品

Ⅴ　金属製品・同加工品

Ⅵ　織物製品

Ⅶ　家具・装飾品・服飾モード・工業図案・印刷物・楽器

Ⅷ　美術品

［1867年パリ博の展示大分類］

Ⅰ　美術品

Ⅱ　印刷物および関連品

Ⅲ　住生活用品・家具

Ⅳ　衣料・服飾品

Ⅴ　農林産品

Ⅵ　機械を用いた製造・加工品

Ⅶ　食料品

Ⅷ　家畜からの産出物

Ⅸ　牧畜関連品

Ⅹ　人びとの物質的並びに道徳的条件改善のための専門的用具

　これらの展示分類からは、工業、農業を主とする産業の製品や技術を見せることが博覧会の中心的な目的であることが読み取れる。開催主体者ならびに参加国、参加団体の技術を示し、来場者に対して先進的かつ価値ある技術をもっていることを誇示するのが大きな目的だったのだ。

　佐野真由子は『万国博覧会と人間の歴史』のなかで、初期の万博について

以下のように述べている。

　　　19世紀パリの各万物博覧会は、人間社会が達成し文明が到達した諸
　　事物の森羅万象を、体系的、総合的に提示していく万有理念に基づいて
　　構成されていた。（略）この展示対象となる万象のなかにあって、とり
　　わけ中核となるのが高度の産業技術──先進的技術革新と技巧に富ん
　　だ熟練技術──と、芸術、教育をはじめとする人間生活の「物質的、
　　知的、道徳的改善」に連なるさまざまな事象であった。（略）高度の産
　　業技術は、それを生み出した国の生産力発展と直結していく一大要素で
　　あるから、その新規性──目新しさ──とともに、人びとの注視の的
　　となったのは当然であった。(5)

　この記述にある「高度の産業技術は、それを生み出した国の生産力発展と
直結していく一大要素」であり、その新規性が人々の注目の的になったとい
う効果については、企業が自らの価値を示し、人々に未来の生活の豊かさを
提供するのが自らの存在であると示す企業博物館の目的との類似性を認める
ことができる。その結果、自らの存在が他者（他社）に勝ることを示し、自
らの優位性や可能性、そしてその企業に在籍しているという矜持を喚起する
効果も認められる。第1章で紹介した、日本で最初の企業博物館とされる織
物参考館の開館が1889年（明治22年）だったことも、こうした流れと無関係
ではないだろう。
　19世紀末までにロンドンのほか、パリ、ウィーン、ニューヨーク、メル
ボルンなど世界各地で国際博覧会が開催され、なかでも後年のあり方に強く
影響を与えたのが、パリで2度目に開催された1867年の万国博覧会であると
橋爪紳也は述べている。(6)その理由を、それまで産業振興を目的としたまじめ
で社会教育的な展示会だった博覧会に、文化性を付与した点が画期的だった
ためとしている。2度目のパリ万博以降、万博ではさまざまな演出がされる
ようになったが、前述した展示の分類が示しているように、産業振興という
目的が消滅したわけではない。各国はさらに自国の特産品を集め、誇示し、
認知させ、売り込むことに熱心になり、それはその後も続いている。
　平野は博覧会について、「為政者にとって、「技術の進歩と産業の発展が幸
せな未来をもたらしてくれる」との認識を打ち込み、それを願う気分を育ん

でくれる万博は、じつに優れた啓蒙装置⁽⁷⁾」であると分析している。

　この一文の「為政者」を「企業」に、「万博」を「企業博物館」に置き換えてみたらどうだろうか。

　　企業にとって、「技術の進歩と産業の発展が幸せな未来をもたらしてくれる」との認識を打ち込み、それを願う気分を育んでくれる企業博物館は、じつに優れた啓蒙装置である。

　これまでみてきた、企業博物館が自社の技術や未来の姿を扱ったり、一般の来館者に対してブランディングをしたり、社員が資料にふれることによって自己肯定感を高めたり、企業活動が総体として社会的な責任を果たすことにつながったり……という企業博物館の文脈によく似た論説になる。
　企業博物館の特徴の1つに、自社が提供する技術がもたらすだろう未来の社会や暮らしを示すといった未来をテーマにした展示があるが、これは万博の、日常生活の一歩先にあるモノやできごとを先行体験／疑似体験させ、「幸せな近未来」を直感させることと共通するのではないか。企業博物館と万博はよく似た効果を生み出しうる装置と見なしていいのではないか。企業博物館の機能としては、自社PR、自社ブランド向上、新たなブランディング、社員教育、アイデンティティーの形成、イノベーション・アイデア創発などがそれにあたる。
　企業が自らの製品や技術力をもって公立博物館では扱わない未来を語ることで、幸せな未来とそれを担う気分を育み、そのことによって企業に対する親近感や信頼を向上させブランディングを可能にするということは企業博物館の説明として成立するだろう。そしてこれは企業の構成員である社員にとっても有意義なことであり、自らの業務に対する士気や矜持を醸成する効果をもたらすことが推察できる。したがって、産業の成果やそのプロセスを示し、人を集めて展示するという形態から、万国博覧会や日本の勧業博覧会は、企業博物館とごく近い目的で成立するというイメージが浮かび上がってくるのではないだろうか。

7-2　ディスプレイ業からみる博覧会と企業博物館

　本節では少し視点を変えて、博覧会などの展示物の制作と展示業務を担う「ディスプレイ業」の立場から博覧会と企業博物館に目を向けてみようと思う。現在、博物館の展示制作やショップのディスプレーなどを担っている業界を「ディスプレイ業」と呼んでいる。多くの企業博物館も、こうしたディスプレー会社に内装をはじめとした空間づくりを依頼している。

　現在は、「ディスプレイ業」と呼んではいるものの、明治以降の博覧会の展示などを担った会社のなかに「ディスプレイ業」という業種は存在しなかった。経済産業省が定める日本標準産業分類に「ディスプレイ業」という分類が現れたのは1984年の第9回改訂からである。このとき旧分類では大分類「サービス業」、中分類「その他の事業サービス業」、小分類「他に分類されないサービス業」だけだったのに対し、新分類では小分類「他に分類されないサービス業」のなかに「ディスプレイ業」が設けられた。

　国内の博覧会は、1871年（明治4年）の京都博覧会を嚆矢として、それ以降毎年のように全国各地で開かれるようになる。では、日本の博覧会の黎明期に展示業務を担ったのは、どのような業種だったのだろうか。それは、現在でいうところの「ちんどん屋」などのプロモーションをおこなっていた広告業、書画や図案などの「かきもの」や看板を手がけたかきもの業、両替商からスタートしてのちに夜具や床几、湯飲みや杯などを貸し出す貸し物業、芝居の舞台美術や幕間の転換作業を担ったり小道具の制作と調達を受け持ったりする道具方などだった。こうした流れのなかで昭和の初めごろにばらばらだった職能の共通の名称として「装飾」という新語が現れたが定着せず、「展示」「博展」「造形」などの呼び名が考案されたものの統一には至らなかった。[8]

　その後、ディスプレーは単なるものづくりではなく、生産・販売・消費の三者をつなぐメディアであるという認識が強まり、1951年（昭和26年）に東京の業界企業のうち17社が日本博展施設連盟を結成し、その後大阪、名古屋にも同様のコミュニティーが生まれた。

　戦後の復興と経済の成長を示す大きな機会になったのが、1970年に大阪

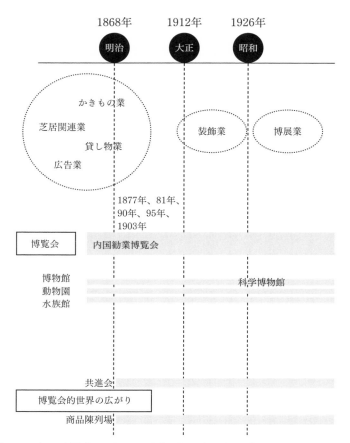

図7-1　日本での博覧会の展示などの製作の担い手とディスプレー市場の広がり
(出典：長谷川里江「ディスプレイってご存じですか？──博覧会とディスプレイ業の一世紀」「別冊太陽 日本のこころ」第133号〔平凡社、2005年〕の「日本における博覧会的空間づくりの担い手と、博覧会的世界の変遷」から筆者作成)

1989年

平成

広告代理店が
プロデュースに参入

ディスプレイ業

1970年
日本万国博覧会

2005年
2005年日本国際博覧会
（愛・地球博）

1977年
国立民族学博物館

体験型・参加型ミュージアム

大型水族館

1980年代

国際見本市　　　　　企業博物館

企業 PR 館

ショールーム　　　　企業体感展示場

で開かれた日本万国博覧会、通称大阪万博である。あまり知られていないもの、大阪万博に先立って54年に大阪で日本国際見本市が開催されている。この時期、朝鮮戦争の特需景気（1950－53年）が国民生活に便益をもたらし、欧米から移入された大量生産・大量販売システムが広まったことを背景に、ディスプレー市場が生まれることになるのである。国際見本市は、各国の企業が一堂に会して商業活動をすると同時に、見せ方やその製作技術を競う場にもなり、ディスプレーが新しいメディアとして産業社会に定着していくことになった。各地で結成された組合が全国組織になるきっかけになったのが70年に大阪で開催された日本万国博覧会であり、名称もようやく「ディスプレイ業」に統一される(9)。

　こうして、戦後の産業の発展とその後旺盛になっていく人々の消費行動と、それを喚起するさまざまな商品の開発が、ディスプレーというメディアを成長させていくことになるのである。まさに高度経済成長期のまっただなかをひた走って、1970年の大阪万博へと向かっていった。

　長谷川里江は「別冊太陽 日本のこころ」に寄稿した「ディスプレイってご存じですか？」のなかで、「それまでばらばらだった各社を「ディスプレイ」という名前で連携させることになったきっかけ」(10)が大阪の万国博覧会だったとし、その背景にはアジアで初めての大がかりな万博ということで展示製作に組織力が求められたためと分析している。その後、百貨店やショッピングセンターなどの商業施設が相次いで登場し、そこに装飾が求められるようになっていく。また、高度経済成長によって人々のライフスタイルが変化するとともに家電製品が普及する。それに伴って家電製品などの販売の助成、促進のためのショールームが開設されることになり、さらには製品の販売にとどまらず企業活動が社会との関わりを意識し、企業および産業への理解を深めることを目的とした施設として企業博物館が登場する（図7-1）。

　ところが、万博が大阪で頂点を迎えたあとに訪れた1970年代、社会は経済成長を謳歌しながらも、万博は小ぶりになり、徐々に熱を失い始める。平野暁臣はオイルショックや経済要因、冷戦構造の変化による大国のモチベーション低下、冷静に費用対効果を見直そうという機運の台頭などさまざまな要因が重なり、産業技術がもはや「ハレ」の舞台を必要としなくなったと述べている(11)。第2次世界大戦が終わり、ようやく戦後の荒廃からも立ち直りつつあったなかで、大量の物資の供給を得て平和と消費を謳歌した人々。消費

社会の一員として「豊かさ」を手中にするプロセスを存分に味わった人々にとって、産業の成果を誇示する目的での万博という大がかりな舞台が不要になってきたのだ。

　これに代わって、マスメディアやインターネットなどを通じて情報が流通し、商品が日常に浸透した。あえて「ハレ」があるとすれば、新製品お披露目の派手なプロモーションイベントがそれを代替するようになってきた。企業が独自に設置するショールームなどが、万博などで市場を形成したディスプレイ業の新たな市場になっていった。「産業振興」「大衆啓蒙」「国威宣揚」の3つをミッションに運営してきた万博だが、ここに至ってそれらはいずれも時代遅れというほかないと平野は結論している。[12]

　ここに至って「ディスプレイ業」は、「産業振興」を「企業のイノベーション」に、「大衆啓蒙」を「PRやブランディング」、「国威宣揚」を「アイデンティティーの形成」に言い換えて企業のショールームへと市場を移していったのではないだろうか。

7-3　万博から企業博物館へという道筋はあったのか

　私は、当初自身で立てた仮説以上に企業博物館は万博からの流れのなかで形成されてきたという線が濃厚なのではないかと考えている。これまでの企業博物館研究では前提を博物館とし、企業博物館を博物館のある部分、もしくは博物館の派生的な形態として論じられてきた（図7-2）。

　しかし、企業博物館の源流を博物館と考えると、その機能、意義、設立ならびに運営母体の活動などとはなじまない要素があり、さらに企業博物館は実際には「博物館的」ではない活動も多く含んでいる。博物館の源流の1つ

図7-2　企業博物館などの施設を博物館から派生した
　　　　一形態とするイメージ（筆者作成）

に博覧会があるという事実を踏まえ、企業博物館は博物館を経由せずに博覧会を源流にしているという仮説には、一定の合理性があるように思う。

　ものを見せ、人を楽しませ、自らが属するコミュニティー（国）や主催者に対する尊敬、親近感、そのコミュニティーに属することの矜持などを喚起・醸成する装置であるとする博覧会の説明は、企業博物館にも当てはまる。このように企業博物館の源流を博覧会ととらえるならば、その機能にPR、ブランド向上、アイデンティティーの形成、イノベーションやアイデア創発、CSRが含まれることについて説明が容易になる。

　また、博覧会的手法や技術を用いて企業の目的を具現化する役割を担った「ディスプレイ業」の存在もまた、企業博物館と博覧会との関係を語る際の実質的なファクターになりうる。企業博物館を、機能や主体者・設置者の目的、対象者に対する効果、それらの制作を担った職能集団の変遷、企業博物館施設が増え始めた時期と企業が置かれた社会の変化などから考えることで、その起こりが博覧会、そして見本市に近いものがあったといえるのではないだろうか（図7-3）。

　企業が「PR」という言葉を使えば、それは営業活動に結び付く。しかしながら、「コミュニケーション」という言葉を使い、目的や対象、扱う内容

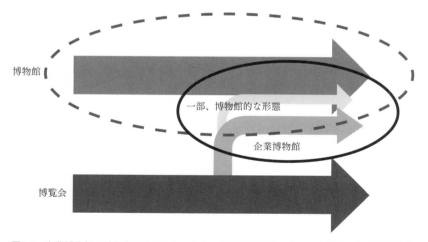

博物館

一部、博物館的な形態

企業博物館

博覧会

図7-3　企業博物館が博覧会から派生し、その一部に博物館的スタイルを選択した企業博物館
　　　などの施設が存在するイメージ
図の点線で囲んだ部分が、それまでの企業博物館などの施設に対する視界に相当する

や期間に幅をもたせた場合、より間接的でソフトなイメージの発信を目指していると考えられ、それにはあからさまな宣伝活動とは一線を画す装置を必要とした。すなわち企業博物館の来場者を「購買者」と位置づけるような直接的な関係を望まなかったと推測できることから、そうしたソフトなアプローチをもつ企業博物館という装置に、広範なステークホルダーとのコミュニケーションの可能性が生まれたのである。

　このような場所であれば、自社だけでなく自社を含む産業全体についての知識や体験を提供することが可能になり、自社に関する資料であっても、会社が社会にもたらしてきた効果などを示すことで、自社の産業や技術を社会科や理科（科学）のテーマとして扱うことが可能になった。その結果、小・中学生の社会科見学をはじめとして学習施設としての性格を有することになり、企業博物館の公共的な役割、社会資本としての技術資料の保存という機能が多くの人の視界に入ることになったのである。そしてそのたたずまいが博物館に酷似していたことから、多様な機能を有する施設に対して使う公共的な意味合いが強い「博物館」という用語を、設置者も、そして社会も受け入れたのだろう。

　企業博物館の源流がもはや博物館と限定できないことが明らかになったいま、「企業博物館」と呼び続けることは適切なのだろうか。企業博物館という用語を使い続けることが、実態との乖離を生じさせ、理解をミスリードする可能性があるのではないだろうか。また、企業博物館の活動自体も限定的なものにしてしまう恐れはないだろうか。とはいえ企業博物館に社会貢献的な機能があることも事実である。だから、「PR館」という呼称もまたその性格に一致しているとはいえず、企業があえてPR館を作るのでなければこの名称を積極的に選択できないという事情もあった。

7-4　1980年代の時代背景と企業博物館

　1970年の大阪万博のあとに開かれた万博で記憶に残るのは、85年に茨城県つくば市で開かれた国際科学技術博覧会、通称「科学万博」である。平野は、70年の大阪万博からの変化について次のように述べている。

　非公式参加者だった民間パビリオンで当時の金で2、30億円もの予算を積

んで派手なパビリオンを建設した。展示手法の主役の座は完全に映像が握っていて、大型スクリーンによる高精細映像、多面スクリーンによるマルチ映像、全天全周映像、ウォータースクリーン映像、ライドシステムとの組み合わせなどハイテクを駆使した多彩な表現を競っていた。それらほとんどは大阪万博で開発した演出技術を洗練、発展させたもので、もとをたどればみな大阪に行き着く。大阪のときに実験的に施行された技術や手法が、15年を経て「商品」としてパッケージ化された展示企画を企業に売り歩いたのが広告代理店だった。ここで確立した手法がそのまま地方博の生産システムとなって1980年代後半の地方博ブームを作っていく。⁽¹³⁾

　大阪万博を機に「ディスプレイ業」が成熟してきた経緯をみてきたが、科学万博が開催された1985年は日本に「企業博物館」という言葉が登場しはじめた時期であることや、企業がショールームや企業博物館を拠点の1つとして、自らの姿を示すコミュニケーションのツールとして位置づけ始めた時期とも一致する。

　企業が博物館によく似た施設を必要とした理由はほかにも考えられる。この時期に、企業は創業の精神を継承する必要が生じたのである。1980年代は、戦前から戦後すぐの時期に創業した企業の経営者が代替わりする時期とも重なっていた。創業の精神を引き継ぐための方法として企業博物館が構想されたのだ。社長が3代目くらいになると創業者や創業当時の社員が一線を退き、創業から50年、100年たつと、他社との違いの認識や独自のブランドが必要になる。わずか数十年前に、創業者がどのような意識で業務を開始しどのように成長したのかということを現在や未来の社員と共有するために、かつての製品などの実物を見せることも含めた企業博物館の効果に期待したのである。創業の精神を引き継ぐために何らかの努力やツールが必要になったということだ。

　またこのころは、日本の企業の技術力や経営手法が世界で高い評価を得るに至った時期でもある。日本の自動車生産台数が1,000万台を突破し、アメリカを抜いて世界一になったのが1980年。1,000万台のうち597万台は輸出需要であり、85年には対外純資産額が1,298億ドルに達して世界一になっていた。それまで日本企業は、「世界に追いつけ、追い越せ」を合言葉とし、これこそが開発や企業活動のモチベーションだった。80年代に世界一に達した日本企業は、これまでの欧米の技術の追随から、自律的に自らの方向性

を定める必要が生じた。高度経済成長と工業技術力の向上で、多くの企業が成長を遂げ、その結果、社会や暮らしに大きな変化をもたらした。その功績や、戦後の復興と豊かな暮らしを追求して技術力を高めてきた歴史、当時の意識を現在の社員に伝え共有する必要が生じたのである。企業博物館が増え始めた背景には、こうした時代状況がある。

　さらに企業には、市場や顧客だけではなく、社会ともコミュニケーションを取る必要が生じた。公害問題や環境問題、工場立地や周辺の環境保全といった直接的な課題を対象とするコミュニケーションに加え、社会的責任や社会貢献といった新しい概念が企業の課題になったのも1980年代から90年代にかけてのことである。90年代には、企業が環境に配慮した事業をおこなった成果をまとめた「環境報告書」の発行が相次いだ。ほどなくして、社会的責任の範囲が環境だけではなくさまざまな分野に広がったことで、「環境報告書」は「CSR報告書」へと変わっていった。2000年代に入ると国際機関などでCSRが本格的に議論されるようになり、社会的な課題の解決に向けた取り組みが企業にも期待されるようになったのである。企業があらゆるステークホルダーの期待に配慮することや、コミュニティーへの参画およびコミュニティーの発展に貢献することが主題の1つとして挙げられた。企業博物館はその一翼を担う装置として、社会つまりはあらゆるステークホルダーとのコミュニケーションを促進する役割が期待されたのだ。

7-5　企業博物館への視線を変えるとみえてくるもの

　先行研究でCSRの一環として企業博物館を設立する、という報告がみられたように、企業博物館に関する議論のなかでは、営利とは分離したCSR活動の1つであるとする見解があることはすでに述べた。しかし、本書で実施した調査を俯瞰すると、CSRがほかの理由よりも積極的に選択されているという根拠は少なかった。取材でも、「CSRの文脈としてとらえる」という回答があり、CSR活動の意味が新しい概念として加えられたという印象を強くもった。それにもかかわらず、企業博物館がCSRの一部であるという見方がなされるようになったのはなぜだろうか。

　日本でCSRが企業活動に必要なこととして認知され、定着してきたのは

2000年代以降である。それ以前にも、労働や環境、法令順守など、営利を追求するだけではなく、企業のさまざまな社会的責任について言及される場面は多数あった。しかし、CSRの概念に基づいて議論や取り組みがなされた歴史は浅く、企業の社会的責任として、国際標準化機構（ISO）が国際規格ISO26000を策定したのは10年のことである。

　企業博物館に関する研究が1980年代に始まり、このころから企業博物館が増えてきたことを考えると、CSRへの取り組みが本格的に始まるまでにおよそ20年の隔たりがある。企業博物館のなかにはそれよりさらに長い歴史をもつ施設もあり、それらの歴史に比してCSRは後発の位置づけだ。このような時系列を考慮すると、企業がCSR活動を主目的として企業博物館を設置・運営する流れになったというよりも、すでに存在していた施設をCSR活動の拠点や装置の1つとして活用するようになったとみるのが自然である。

　企業博物館は、企業の製品の購買者にかぎらず一般の人を迎え入れることが可能なため、社会との接点としてCSRとの親和性が高い。企業博物館でさまざまな活動をしてそれを発信することで、企業がCSRに積極的に取り組んでいるというイメージを多くの人にアピールすることができる。企業と社会のインターフェースとなる企業博物館は外部から認識しやすく、イメージの形成に影響を与えていることは想像に難くない。

　1990年代に子どもたちの理科離れが教育の問題として浮上し、理科の学習には生活とのつながりやストーリーが意識されるようになった。技術や技術者を擁する企業には、機械の仕組みやそれらを動かす原理を日常の空間にあるものから学ぶという、学校とは異なる教育活動の可能性が内在していた。また、2002年からは学校教育で総合的な学習が始まった。これは、従来の「正解に早くたどり着くための学習」ではなく、自ら課題を発見してよりよい解決方法を見つける、総合的・横断的な学習や探求的な学習であり、社会全般に目を向けた学校の外での学習が強く意識されて導入されたものである。課題を発見して、仮説を立て、調べ、考え、話し合い、結果を共有するといったプロセスが強く意識された教育に対して、企業博物館が社会教育施設として機能しうることも、CSR活動の概念形成に貢献した。これらの活動を通して、企業が社会課題に取り組む際の装置として企業博物館が機能することが、企業自身にも社会にも認知されたのである。

企業が社会教育やレジャーの空間を提供することで、地域社会で学びやレジャーを享受する機会が増えた。レジャーといっても遊園地のような遊興目的だけではない、知識の獲得や体験の享受などの知的要素を含む機会も歓迎された。地元の企業への理解や共感が生まれることで地域への愛着を感じるとともに、観光そのほかの経済効果、地域イメージの向上などのメリットがあった。一方で、企業に対しても社会的責任を求める声が高まり、環境や人権といった課題に取り組むとともに企業の姿勢を発信する必要が生じ、その装置として企業博物館が活用された。活動の拠点になった施設が従来の博物館と類似していることから、企業博物館が「博物館」として認知され、それがCSR活動を背景として運営されているという文脈を形成したのだろう。

　博物館の源流は、ヘレニズム時代のアレクサンドリアにあったムーセイオン（Mouseion）にあるという考えや、紀元前5世紀、古典期アテネのアクロポリスの神殿にあったピナコテーク（Pinakothek）やアゴラ（広場）に作られたストア・ポイキレ（絵がある列柱館）が美術館の起源だとする考え、または、そうしたものを含めて古代ギリシャの神殿や宝物庫がその源流だという考えがある。また、中世のキリスト教会では、寄進された金銀財宝や、聖像・聖絵画や聖遺物が教化の手段として開示されていた。

　このような博物館の歴史をみるとき、宝物庫や教化の手段としての開示が、本書で論じた企業博物館の機能と共通していることがわかる。例えば、宝物庫であればアーカイブズであるし、教化の手段として寄進された財宝などを開示、すなわち公開するのであれば、ファンづくり、共感の醸成などを含めた「企業価値の向上」「ブランドの向上」といえるのではないだろうか。本書で示した企業博物館の機能に当てはめるなら、自社ブランドの向上、新たなブランディングに相当する。

　企業博物館は、一般の公立博物館がたどった道筋の、さまざまな地点に類似するとみることができる。これまで本書で用いた一般の公立博物館の定義は、「収集・保存、調査・研究、展示、教育・普及」だった。これは、これまでの博物館法に定義された内容である。しかし現在の博物館へとつながる施設が当初からこの考え方に到達していたわけではない。今日の博物館のような収集・保存、調査・研究、展示、教育・普及をその社会的役割とする機関という考え方が明確にされるのは、近代の博物館群の成立を待たなければならない。

本書が当初、企業博物館の機能を検討するにあたって用いた博物館の姿は、近代のごく限られた期間の博物館像でしかない。だが近年、博物館は観光資源として、また地域文化の向上や地域の人々の交流の場としての役割が期待されている。博物館のありようは、博物館法の範囲を超えて時代や政策によってさまざまに変化しうる。歴史のなかで博物館がたどった道筋や、現在から将来にかけて期待される博物館の姿を俯瞰するとき、企業博物館には、さまざまな時代や立場の博物館施設への期待が含まれていることに気づく。企業博物館がたどった約40年間には、博物館がたどった長い歴史に相似した、しかし凝縮された要素が含まれているといえるのではないだろうか。このような視点で企業博物館に対峙するとき、新たな博物館像や企業博物館の可能性を検討することができるだろう。

注

（1）平野暁臣『万博の歴史——大阪万博はなぜ最強たり得たのか』小学館クリエイティブ、2016年、17ページ
（2）同書12ページ
（3）鈴木眞理編、占部浩一郎／大堀哲／貝塚健／久保内加菜／柘植信行／濱田隆士／南博史／山本珠美『改訂 博物館概論』（博物館学シリーズ）、樹村房、2004年、27ページ
（4）佐野真由子編『万国博覧会と人間の歴史』思文閣出版、2015年、541ページ
（5）同書542ページ、傍点は引用者。
（6）橋爪紳也「日本の博覧会——寺下勍コレクション」、橋爪紳也監修「別冊太陽 日本のこころ」第133号、平凡社、2005年、4ページ
（7）平野暁臣『図説 万博の歴史——1851-1970』小学館クリエイティブ、2017年、2ページ
（8）長谷川里江「ディスプレイってご存じですか？——博覧会とディスプレイ業の一世紀」、前掲「別冊太陽 日本のこころ」第133号、213ページ
（9）蟻田栄一「ディスプレイ産業の軌跡」、乃村工藝社社史編纂室編『ディスプレイ100年の旅——乃村工藝社100年史』所収、乃村工藝社、1993年、15ページ
（10）前掲「ディスプレイってご存じですか？」213ページ

（11）平野暁臣編著『大阪万博——20世紀が夢見た21世紀』小学館クリエイティブ、2014年、250ページ
（12）同書251ページ
（13）同書247ページ

［付記］本章の一部は筆者が2019年に発表した「企業博物館の登場の背景に関する考察」（「研究論集」第19号、北海道大学大学院文学院）の内容をもとに、さらに加筆・修正したものである。

第8章　企業博物館とは何か

8-1　複数の機能と「博物館」との関係

　企業博物館は博物館か？　読者のみなさんには、こんな禅問答のような問いにお付き合いいただいた。まず、これまで企業博物館がどのように観察されてきたのかを整理したところ、6つの機能が示されていたことがわかった。そして取材を進めると、その6つからさらに14の機能が立ち現れた（表4-1）。例えば、6つの機能のうちの1つ、「文化施設」は、博物館としての活動を選択する施設もあるが、コレクションの収集や研究をするのではなく社会教育を担う施設もあることから、「博物館」と「社会教育施設」に分化した。
「インターナル・コミュニケーション」は、大きくまとめると企業の内部に向けたコミュニケーションということになる。丁寧にみていけば、会社の歴史や創業者の志などの情報を提供する社員教育だけではなく、社員の内的動機が高まるようなアイデンティティーの形成、技術者教育、社員交流に、そして「PRや企業イメージ向上」は、自社PR、自社ブランド向上、業界認知度向上、新たなブランディングと、それぞれ4つに分けることができた。インターナル・コミュニケーションでは、社員などの企業内部やそれに準じる人を対象としているものの、その目的はさまざまだ。会社の歴史や創業者の志を伝えたり社業に関する知識を供給するシンプルな社員教育や、施設の展示や施設の存在そのものから組織に所属する人の自己肯定感を高めるといったアイデンティティーの形成・向上、特に技術者が先人の努力や工夫を感じられる場になること、社員同士が語り合ったりする交流の場になることなどがある。企業博物館は企業にとってきめ細かな効用があることが、14の機能からうかがえる。PRもまた、自社の宣伝から、信用やイメージを高め

会社全体への支持を獲得するなどのブランドを高める機能、自社だけではなく業界全体を知ってもらうことや、新たなブランド価値を創出するなどといった、多岐にわたるブランディング機能があることが認められた。

　企業は企業博物館を複数の機能が期待できる複合的なツールとしてとらえている。それらの機能は同時に作用する場合もあれば、ある機能が果たされることによって別の機能を誘発するように連鎖的に作用することもある。そしてまた、企業博物館は企業の経営状態や業務内容の変化に伴って役割が変化する。14の機能は、これらや時代と連動し、フレキシブルに選ばれているのである。時代やそのときの目的によって役割が変化するということは、今後も、工夫次第で新たな機能が加わり、企業博物館の活用の幅が広がる可能性があるということだ。

　また企業博物館では、公立博物館では見ることができない「未来」をも扱う。企業が取り組んでいる技術開発や、それらが実現して社会に供給された未来の人々の生活を示す。館名に「未来」「みらい」という用語を使っている施設があるところにも、企業の意図がうかがえる。未来を扱うのは、博物学を前提とした博物館とは異なる企業博物館の特徴といえる。さらに特筆すべきなのが、博物館性の否定である。企業博物館への取材では「博物館ではない」「博物館と呼ばれることには違和感がある」という回答を何度も耳にした。

　そして、取材によって非公開の施設の存在も明らかになった。入館できるのは基本的に社員と顧客だけだ。施設によって、研究者、入社希望者、高額商品を購入した特定の顧客を受け入れている場合があるものの、いずれにしても一般公開という形態は取らない施設である。非公開施設については博物館研究者の間でも、非公開なのになぜ博物館なのかという違和感をもつ人が多い。そもそも博物館というものは公開が前提だからだ。

　それでも、取材した企業のうち3社が、非公開か、非公開ではないが基本的には社員を対象とする施設を設置していた。そのほか1社は、非公開施設を運営しているが一般の人の問い合わせが増えることを望まないためその存在を公表していない。目的は社員教育、顧客の案内や商談などの営業活動、就職希望者・内定者への対応である。非公開施設の対象者は、自社についての深い見識を要する人、言い換えれば、自社に対してより大きな信頼感をもってほしいと希求される属性の人たちである。

非公開施設の目的や内容は、社員教育、アーカイブズなど公開されている企業博物館と共通する部分が多い。実際に内部を見て活動の内容を聞いても、公開施設と非公開施設の線引きは難しいというのが実感だ。企業博物館研究で、公開と非公開の区別を研究対象から除外してしまえば、企業博物館に関する客観的な観察に支障があると思われるほどの共通性・連続性である。アンケートでは27.7％の会社が非公開の施設を設置しているという回答が得られた。また、非公開施設の対象者について聞いたアンケート調査では、「社員（内定者含む）」が78.3％、「取引先」が69.6％だった。ただし、取材では非公開施設の存在自体を公表しないと回答した企業もあったことから、アンケート調査でも非公開施設があっても存在を明らかにしたくないなどの理由で「ある」と回答していない企業がある可能性も残る。

　非公開施設の存在が明らかになったことで、企業博物館に対する視野はさらに幅をもつことになった。非公開とはいっても展示施設として企業が認知し、相応の展示をおこなっていることから、これは対象者を限定しているということであって、倉庫、収蔵庫のようなエリアとは全く意味が異なることも確認しておきたい。

8-2　アンビバレントな要素は共存する

　もはや、企業博物館を「博物館」という前提でとらえることは、現状の企業博物館の実態には合わない。収集・保存、調査・研究、展示、教育・普及を必ずしもおこなうわけではないというだけにとどまらない。社員が会社について知る機会を提供する研修の場や、自社や製品のPRやブランド力向上のためのツールとして活用する。また、過去だけでなく現在の製品や未来について扱うことを許容し、技術者教育の場、技術や技術資料保存などのテクニカルセンター、アイデア創発やイノベーション、社員同士が交流する社内のコミュニティー施設としても使用する。さらに、CSR活動の一環として来館者を受け入れ、また出前授業など外部での活動をおこなう拠点にもなるなど、それぞれの目的に合わせた活動拠点としての機能が認められる。

　企業博物館の機能は多義的であると同時に連続している。商品のよさや企業の優位性を前面に押し出してアピールし、購買行動に直結させるといった

ハードな方法は企業博物館ではあまりみられないが、PRや販売促進の要素が排除されているわけではない。社会サービス、社会貢献施設としてだけ存在するわけでもない。社員研修施設としても、業務上の具体的な課題を解決するためのスキル研修ではなく、自社について知り、アイデンティティーを高めるというような、ソフトな内容の教育施設として活用している。

　企業博物館はさまざまな機能をもちながら、それぞれの機能に比較的ソフトなエフェクトをもたらす。また、そのことが求められてもいる。そのため、それぞれの機能に連続性が認められ、多義的な空間を形成しているのである。

　PRと社会貢献は対極に位置し、企業博物館は双方を含むアンビバレントな状態にあるとも思われたが、調査を進めてみると、企業博物館はCSR活動をしやすい社会的な場になり、そのことが結果的にPRにつながることもある。そして、PRであっても文化的・歴史的な要素を含む活動であればCSR活動に関連するという関係がみえてきた。つまり、かっちりとした枠組みをもたなくても、ソフトで重層的な役割を体現できるのが企業博物館であり、PR、CSR、そのほかの機能が緩やかに連係し共存する場であることもわかってきた。

　企業博物館の役割は変化する。つまり、今後も新たな役割が付加される可能性があるということだ。施設の活用の方法が変化すれば、それに伴って展示も変わっていくだろう。先行研究のなかには、企業博物館のCSR活動を「免罪符的」な活動であるとした辛辣な指摘があった。そのような思惑の企業がないとは言いきれないし、あったとしても非難すべきかどうかは別問題だ。もともとの思惑はおいておくとして、企業博物館は活用の可能性や幅があり、柔軟性がある使い勝手がいい装置だからこそCSR活動をしやすいのも事実だ。活動が社会から見えやすく、発信がしやすいことからも企業博物館はコミュニケーションのインターフェースになりうる。だから、「好意的」な解釈も可能になるわけだ。免罪符にもなる半面、積極的なCSR活動の場として位置づけることができるのも企業博物館の使い勝手のよさだ。CSRは社会貢献活動にとどまるものではない。企業の歴史を振り返ったり、創業者の言葉を共有したり、社会とのインターフェースになったりすることで、人権や環境、コンプライアンス、消費者課題など、CSR活動の広範なテーマについても企業博物館が関与できるのではないだろうか。そのことが経営にもいい効果をもたらせば、アンビバレントな状態は緩やかに解消され

ていくという道筋が描ける。

　企業博物館は、社会に開かれた施設として認知されていて、外部者も受け入れる、企業内では珍しい性格を有する装置だ。一般の公立博物館とその姿がよく似ていることから「企業博物館」として認知され、呼称され、研究や論考も「企業」が設置する「博物館」という認識を出発点にしていたのが今日までの企業博物館研究だった。そして、運営する企業も多義的な状態を歓迎し、企業博物館の来歴や社内的な目的との整合性に多少の違和感を含みながらも、企業博物館として社会と企業における関係が成立したと考えるのが、今日の企業博物館といえるだろう。

　企業博物館は、「博物館」という言葉の意味以上に多くの機能がある一方、博物館として十分な活動をしている施設は少ない。多くの機能を併せ持つ非博物館性の施設とともに、ごく一部に博物館性（博物館として運営すること）を選択した館が存在するのである。しかし公立博物館に目を向ければ、「非博物館」的な実態もみられる。収集・保存、調査・研究、展示、教育・普及はあくまでも博物館法で定める規定でしかない。もっと広義に、近年の実態や社会の期待までも含めて博物館をとらえてみれば、観光資源として、地域の人々の交流の場として、地域ブランドの向上の拠点としてなど、博物館法の定義の範疇とはいえない役割が期待されている。公立博物館に関していえば財源が税金で出資者は市民であるため、その期待に応える責任もある。博物館性と非博物館性は、企業博物館にも、そして公立博物館にも混在しうる。しかしそれでも、公立博物館では博物館の業務をおこなうため、博物館性のウエートが大きいことに変わりはない。公立博物館が仮に非博物館性の要素を含んでいても、それで「博物館か否か？」という問いが立つとは考えにくい。

　本書の主題は、「企業博物館が博物館であるか否か」という問いだった。これに対しては、博物館とはいえないと回答しよう。博物館であるという発想に立脚した論考は、もはや企業博物館を客観的に観察、考察することに貢献していないからだ。

　1980年代に「企業博物館」という用語が現れ、約40年の間さまざまな視点から企業博物館について報告、論考が発表されてきた。企業自身もその呼称を緩やかに受け入れたのは、CSRといった収益に直結しない企業の社会的な活動が求められ、そうした施設は社会的にも見栄えがよく評価が受けや

すいという、印象論的にも受け入れやすかったことが推察される。しかし今後の企業博物館を考えるにあたっては、博物館というとらえ方から解放された、新たな枠組みを創造することが必要である。

　本章では、「収集・保存、調査・研究、展示、教育・普及を基本とする従来の博物館と同様の態様または志向」を「博物館性」、「収集・保存、調査・研究、展示、教育・普及などを要件としない従来の博物館とは異なる企業博物館ならではの態様または志向」を「非博物館性」と呼んだ。企業博物館は「博物館性」と「非博物館性」が混在する存在だと結論したが、注目したいのは、博物館性と非博物館性の関係である。これまで企業博物館には、博物館性のほかに非博物館性の機能「も」存在するという認識だったが、博物館性は非博物館性に優先しないと結論しよう。博物館性と非博物館性が同等に混在し、個々の企業の選択と要求で機能が決定される。そうしたなかに博物館性を積極的に選択した企業も存在する。企業博物館を博物館としてとらえると意識は博物館性に誘導され、企業博物館に関する研究、一般の人々のとらえ方、提供する情報の質などを含め、理解をミスリードすることになる。「企業博物館」と呼ばれる施設を「博物館」と呼ぶことは、事実を反映していないだけではなく、不適切といわなければならない。

　では企業博物館とは何か。企業が必要とするコミュニケーションと、対象とするステークホルダーとの、多様な情報と体験を提供する複合的なコミュニケーション・ツールである。新たな視点と本質に基づき、変化することも含んだ適切な呼称の開発が必要である。

　では、どのような呼び方が適切なのだろうか。企業博物館は多くの機能を含む施設であることがわかった。これに、過不足なく的確に既存の用語を当てることはとても難しいが、トライしてみることにしよう。例えば、目的を示す用語は、「メッセージ」「アーカイブズ」「コミュニケーション」「エデュケーション」などが挙げられ、場の性格を示すのであれば、「アゴラ」「プラザ」など、「広場」を想起させる用語になるのだろうか。しかし、これらの用語を列挙しても、ここまでみてきた企業博物館を本質的に表し、設置者と利用者の双方に明確なイメージが共有される呼び方になるとは考えにくい。目的や形態を示さないままいろいろな解釈を含む言葉にしてしまうと、イメージが広がりすぎてつかみどころがなくなり実態の把握や活用のアイデアに関する議論を深めることができなくなってしまう。

対象者は社内、関係者、社会。扱うものは、歴史、技術、創業の志や企業理念、そして技術の変遷を通した技術史、産業史、生活史の視点、技術に利用されている科学の原理など。企業知の集積場として、また今後受容する可能性がある知のありようを含め、「ナレッジスペース」＝会社に関する知の空間ととらえておこう。

8-3　企業博物館が博物館のモデルになる

　当初、企業博物館は博物館の後追いの存在とされ、博物館を目指してもっと内容を充実させよという考え方があった。その後も企業博物館は、さまざまな博物館のなかの一部の変わり種とみられた時代が長かった。いまでもそうかもしれない。これは、企業博物館はあくまでも「博物館」だという発想に基づいた主張である。図8-1は、博物館という概念に企業博物館が含まれるという考え方を表している。

　1990年代後半になると企業博物館は必ずしも博物館としての活動をするだけではないという事例が報告されてくる。設置母体が企業であるということを前提として、企業の視点を意識して観察されるようになるのである。企業の歴史やCSR、インターナル・コミュニケーション、イノベーション、PRなど、少なくとも博物館法で規定された従来の博物館に対する考え方にはなかった運営内容だ。そして、博物館法の諸規定は企業博物館について考えるには適していないとする見方も現れたが、この見方は出るべくして出て

図8-1　企業博物館の位置づけ①（筆者作成）

図8-2　企業博物館の位置づけ②（筆者作成）

きたものだろう。図8-2は、図8-1に示した博物館の一部としての企業博物館という見方を否定し、一部分は博物館と重なるが、博物館の枠から外れた領域が存在するという考え方が示されたことを表す。

そして、マーケティングを軸とした、コミュニケーションツールとしての見方も登場した。BtoB企業で、パブリシティー、広告、Eメール、カタログ、見本市・展示会、販売促進、対面営業と並んで「企業博物館」を示し、「認知」「知識」「態度」「選考」「説得」「購買」の6つの購買ステージのうちどの部分に効果を発揮しうるかを調べたが、先に示した、図8-1、図8-2の考え方の変遷を踏まえて、カワサキワールドの鳥居が示したコーポレート・コミュニケーションの一部として企業博物館をとらえたのが図8-3である。博物館と企業博物館の関係は図8-2と同じだが、パブリシティーや広告、カタログや見本市・展示会、対面営業と並ぶコーポレート・コミュニケーションの一部に企業博物館があり、企業博物館の一部に博物館と近似した活動をおこなうものもあるという関係である。鳥居が対象としたのは、川崎重工業が運営するカワサキワールドと三菱重工業が運営する三菱みなとみらい技術館である。ともに重工業企業であり一般消費者を顧客としないBtoB企業であ

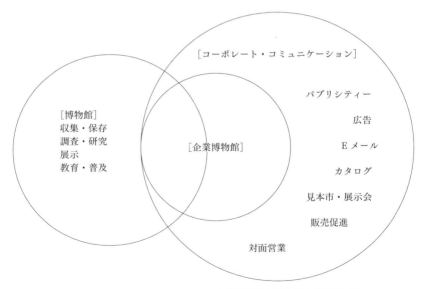

図8-3　コーポレート・コミュニケーションでの企業博物館の位置づけ（筆者作成）

ることには留意しておきたい。製品は多くの分野の技術を結集して造られ、大きくて高額である。社会インフラにも深く関わるため、購買者同士の理解だけではなく社会から向けられる視線も企業にとって重要な要素であり、さまざまなフェーズのステークホルダーが存在する。

　鳥居の報告はステークホルダーとの関係から企業博物館を観察したものであり、企業博物館とは何かという包括的な問いに答えるものではない。しかし、それまでの研究が「企業博物館は博物館でありながらも、企業が設置していることから一部に博物館とは異なる要素を含む」といった博物館の成立条件や法規定を前提とした発想から展開されていたのに対し、コーポレート・コミュニケーションの一部として考察を試みた点で、新しい枠組みを提示したといえる。

　取材を進めると、さらに多様な機能と可能性があることが強く印象に残った。インターナル・コミュニケーションの機能があることはすでに示されていたが、シンプルな社員教育としての知識の伝達だけでなく、社員らの内的な動機の向上や顧客への影響力も発揮する。これは、企業博物館が博物館としてだけではないオルタナティブな要素をもつ存在であるというだけではなく、あらゆる方向のステークホルダーにアプローチできるものということだ。鳥居が扱うコーポレート・コミュニケーションの対象は外部者だが、実際には内部者を対象とするインターナル・コミュニケーションの機能ももつことがわかった。そしてまた、外部者の反応が内部者に影響するといった連鎖的な効果が発生する。例えば、社会貢献活動をすることによって、業務のクオリティー向上にいい影響をもたらす、などである。複数の機能、多彩な対象を扱うことができる企業博物館だからこそ、機能の1つに「博物館」を選択することが可能なのだ。そのときはじめて、従来の「博物館」との共通性が生まれるという図式が形成されるのである。

　企業博物館は、

1. 社員や社員のなかの技術者などを対象とした知識伝達や内的動機の向上や、社員同士などインターナル・コミュニケーションのツール

2. 顧客や、現段階で未開拓だが潜在的に顧客になりうる存在も含めたPRやブランディング、イメージ向上などのコミュニケーション・ツール

3. 社会教育施設に表れるような社会一般との公共的なコミュニケーション・ツール

の機能を有し、それぞれに優先性はなく、企業の志向と社会の状況から機能が選択されるのである。

　そして、第5章で取り上げたクロス集計ではアンケートとそれに基づくカイ2乗検定で得られた、展示内容と有意な関係になった機能が示したように、「社員教育」や「自社ブランド向上」「自社史料の保存」すなわちインターナル・コミュニケーションやPR、企業が社会に貢献してきた歴史とともに、企業は企業博物館という存在を世に提示しているのである。

　このように検討すると新たな視点が見えてくる。企業博物館と公立博物館の関係が、これまでとは全く違うものになるのである。これはどういうことか。

　近年は公立博物館も、地域の交流の拠点や観光資源として、博物館を多目的に活用すべきという議論が活発になってきている。博物館に「非博物館性」が求められ始めているのだ。2019年に開かれたICOM（国際博物館会議）京都大会では、博物館と地域発展について話し合われた。ここでは、博物館が地域発展の核になることを目指すこと、博物館の効果を最大限に引き出すための施策や体制についての議論がされている。つまり、物の収集・保存、研究といった従来の博物館の役割を大きく超えて、「地域」という、博物館が属する共同体のためにより多くの役割を担える存在として博物館をとらえ直しているのである。博物館が文化だけではなく、経済的・社会的にも地域発展の核になりうるということだ。文化遺産は、新たな創造を刺激し、先端企業を引き付け、観光客を魅了する重要な資源であるという認識も示されている。博物館の多義性が議論され始めているのだ。さらに「その実現のために」と続き、地方自治体や企業、地域は○○すべき、などと列挙されるのである。「すべき」という言い回しに、現状の体制をどうにかして柔軟なものに見直さないと、発想の転換も役割の多様化もできないという響きを感じる。

　それに比べて企業博物館は軽やかだ。資料をもち、歴史を語り、教育や交流の場になり、不特定多数の人を受け入れて公共的な空間になる一方で、設置母体の経済活動にも貢献する。非博物館性のなかに、博物館や社会教育施設としての博物館性をもちうるのが企業博物館だ。すると、企業博物館という範囲の一部に博物館があるという、図8-1と逆転した図式が現れる（図8-4）。企業博物館のありようは、今後博物館が活動の幅を広げていくなかで

図8-4　企業博物館などの施設と博物館の関係の
　　　　可能性（筆者作成）

そのモデルになりうるのである。したがって、企業博物館の本質を問うこと
こそが「博物館とは何か」を考えることにつながっていくだろう。
　企業博物館の機能は変化しうることも本章で示した。社会の変化に伴って
博物館はいままさにその役割の可能性が語られるようになっている。日本に
公立博物館が作られ始めてから約150年、その役割は緩やかに変化してきた。
企業博物館という用語が生まれて論考の対象になってから約40年の間に急
激に変化してきた企業博物館は、博物館のモデルになるのではないだろうか。
この視点によって企業博物館の機能を問いながら公立博物館の可能性を論じ
ることにつながっていくだろう。
　先に提唱した「ナレッジスペース」は、「企業博物館」を的確に言い表す
実態を反映した呼称であり、その枠組みを共有した研究と議論の場になる。
企業博物館という呼称がもたらすミスリードを排除して、文化、経営、コミ
ュニケーションを含んだ展示とアクティビティーを伴った場に適した表現に
ついて議論を深めていくことにしよう。
　企業博物館改め「ナレッジスペース」は、設置者が企業であっても、目的
がCSRやPR、社員教育を超え、社会的な役割を果たす施設になっている。
長岡歯車資料館や容器文化ミュージアム、ニコンミュージアムは、自社の技
術の紹介にとどまらず、自社が属する業界全体の技術・知識・情報の蓄積を
広く社会と共有しようとする責任感を表明している。地域の人たちの学びや
コミュニケーション、理科離れへの対応や農業への関心の喚起、子どもたち
の将来の夢の醸成、観光への貢献、世界遺産を有することへの責任、機械の

要素技術を認知してもらうことなど、そのことについてよく知っていて専門的に扱っている立場にある人や企業が、知識の獲得や見学、体験の機会を提供する。それをやらなければ誰がやるのだ、できるのは自分たちなのだからという心からのサービスを感じられるのである。それは施設のミッションである場合もあるし、施設を設置する企業の意思決定に含まれているものかもしれない。しかし同時に、インタビューに答えてもらった担当者個々人からも、そうした思いが感じられるのである。

　博物館の歴史が企業博物館より長いとしても、日本では150年程度である。その間にも、社会の変化に伴ってさまざまな役割を担ってきた。現在の公立博物館でさえ博物館としての役割は変化してきたのである。交流やPRや役割の変化、インターナル・コミュニケーション、さらには非公開であることが企業博物館だけに特有のものとはいえないという考え方も成り立つのではないだろうか。

8-4　企業博物館のこれからを考える

　企業が作り、または使用して日本の産業の歴史を形作ってきた機器や製品は、どのような道筋をたどって「博物館」の資料になるのだろうか。企業博物館の目的に「自社史料の保存」を挙げる企業は数多くあった。一般に使い終わった機械や古くなった製品を持ち続けることは、課税の対象になったり保管のためのコストが必要になったりして企業にとっては負担である。現在、施設に保管・収蔵・展示されている物品はどのようにして廃棄を免れ、自社史料になったのだろうか。

　現在、資料として展示や保管されているものに共通しているのは、使用終了の直後には博物館施設の資料として遺そうという明確な意図があったものばかりではないということだ。古い機械が増えてきたり、施設を作る際に工場などに置いてあったものを集めたりしたものも多いだろう。なかには捨てそこなっていたのだろう、という資料に出合うこともあった。そんななかで、ミツトヨ測定博物館の、古い機械や製品が増えてきたため、それらを整理するためにスペースを確保してアーカイブズとし、製品がさらに増えたことで整理して社員教育、技術者教育などに活用できるようにし、のちに資料を地

域社会と共有するために公開施設にしたという事例は、企業博物館の形成のプロセスとして興味深い。当初から機器の歴史的価値を認知していたわけでも、資料として扱われてきたわけでもなかった。時間の経過とともに使わなくなったものが増えて、製造・使用した時代の時系列を埋める機器群が形成されたのだろう。そのなかで特筆すべきもの、技術的な転機になったもの、社会に影響を与えたものなどといった「価値」がじわりと浮かび上がってきたことで廃棄せずに保管するための博物館的施設を形成するに至ったのである。

　施設を作ることが決まってから社内の工場や倉庫を調査した例もあるほか、発電用タービンのような大型の資料は、施設の設立と発電所や工場のリプレイス（建て替え）のタイミングが合ったことから、収蔵の交渉が可能になったというケースもある。タービンや車両などの大型の製品は受注生産であり、汎用品のように社内には残らない。製品は発注者が所有しているため、その収集は、タイミングと企業間の交渉に依存せざるをえない。

　これらの事例から、使用直後の大部分のものは、その歴史的価値を評価されず、現在企業博物館施設に収められている品々は「たまたま」廃棄の危機を逃れて現存しているのだ、ということがわかる。その裏には、いずれは企業博物館で資料になる可能性があった数々の物品が捨てられている現状がある。機器の使用終了からその資料性が評価されるまでの間、機械の保存はそうした偶然に頼らざるをえないのだろうか。産業技術の資料は、歴史や考古学の資料とは異なり比較的新しい時代に作られたものが多く、産業の発展の早さも伴って、数十年前までは現場で使用していたものも資料になりうる。しかし、使用終了直後にそれらを廃棄してしまえば古い機械は残らず、永遠に資料になることはない。産業機械をどのようにして保存し、資料性を判断できるまでの間保持しておけるかは、これからの産業技術史の重要な課題であり、その道筋、そして資料になるまで保管するために必要な要件と、その合理的な手法を確立することが求められる。

　これらの課題に取り組む際、モデルの1つになるのが、国立科学博物館が取り組んでいる重要科学技術史資料（未来技術遺産）の調査・保存活動である。こうした取り組みが実を結び、特定の産業や企業に、技術的・経営的・社会的理由付けと連係が伴って資料が蓄積されれば、企業博物館が博物館性を獲得することにもつながるだろう。さらに、すでに公共性を獲得した産業

資料の存在も重要である。もとは民間企業の所有だった産業資料や施設が、公共性を獲得して社会に認知されている例がある。尚古集成館（鹿児島県）、富岡製糸場（群馬県）、明治日本の産業革命遺産（8県にまたがる23の資産）などだ。ここに挙げた3例は世界遺産に登録されているが、このように認知されているもののほかにも地域の財産として公共性をもった資料は数多く存在するだろう。これらのなかには保存運動などを展開することによって公的な遺産（文化財）として登録に至った例もある。そのためには、ものや建物がどのように社会に認知され、産業遺産として評価されるに至ったのかを示すような、また資料が活用されるまでの保存・活用モデルが必要である。そのモデルによって、将来貴重な資料になるかもしれないものを適切に保存し、風化や劣化を抑えるように保全していけば公共的な資料となる道筋が描けるだろう。保存の過程で適正に取捨選択することも可能になり、保存のコストを最適化しながら資料の価値の検証や議論をするプロセスの構築につながるだろう。

　企業やそのほかの機関が、技術的資料をどのように保存し、どのような活用の青写真を描いているのかの現状を知り、所有者である企業の意識を明確にし、企業博物館の合理的な活用モデルと実態調査ならびに保存プロセスの最適化によって、企業と社会に有用な技術資料の保存と、これらを活用する社会的機運やひいては新たな価値の創造につなげたい。

　産業革命以降、機械産業が発達し、その成果が社会に浸透することによって、人々の生活や社会のあり方が大きく変化した。日本も明治の近代化から百五十余年、戦後の工業化の時代から60年以上が経過した。工業技術の進歩や家電製品の普及によって、日本は科学技術立国として経済的発展を遂げた。この過程で企業とその技術が果たした役割は大きく、そこで生み出された製品は、時代を形作って人々の生活を支え、変化させた。

　技術や製品は進歩の名のもとに更新され、古い機械は活躍の場を失い無用になって廃棄されていく。しかし、技術の蓄積と世代間伝達、そして累積性、それらがもたらした社会や国のかたち、生活の変化などを俯瞰するとき、企業が生み出した製品などは、技術史、産業史、生活史だけでなく、歴史の一部になる。企業が生産、もしくは使用した機械などを保存することができれば、資料を購入するプロセスを大幅に省略しながら、専門性が高く充実したコレクションができるだろう。タービンや船舶など大きなもの、自動車や家

電製品のような大量に提供され普及したもの、製品を作るために使用した機械、外側からは見えないけれども重要な役割を果たす数々の部材、製造過程で精度を高めるために使われた測定器や工作機械。多くの分野で充実した資料群が形成されれば、時代や産業の発展や変化を大局的に知ることができるようになるだろう。技術や業界のマッチングによってさまざまなストーリーが立ち現れてくるはずだ。企業が所有する、歴史的価値があるか、もしくは今後価値が生じる可能性があるものをどのように保存し、活用していくか。企業のナレッジスペースを拠点に、保管・保存と営利活動のアンビバレントな関係がソフトに融合し、新たな物語が生まれることを願っている。

注

（1）前掲「企業ミュージアムにおける基本的性質の分析」
（2）後藤和子「博物館と地域発展──OECD/ICOM『文化と地域発展：最大限の成果を求めて』を読み解く」「ICOM Japan」（https://icomjapan.org/journal/2020/09/06/p-1351/）［2022年12月10日アクセス］

あとがき

　8年ほどかけて取材した企業博物館群のうち、取材のあとにリニューアルした施設が複数ある。本社の移転に伴って移転することになっている館や、部分的な展示のリニューアルを短いスパンでおこなっている館もある。企業博物館のサイクルは、一般の公立博物館に比べて短い。企業活動の展開に伴って企業博物館も変化する。そのことだけを考えても企業博物館改めナレッジスペースは新たな機能を吸収、体現し、発信しつづけるだろう。

　本書では、博物館の役割についてたびたび博物館法での定義を引いた。本書の執筆中、2022年4月に改正博物館法が成立した。施行は2023年である。改正博物館法では、これまで博物館として登録できなかった独立行政法人や企業が運営する施設も登録博物館になれるという内容が含まれている。登録博物館の範囲が広がったとしても、現状で登録博物館は博物館全体の約20％で、長い間登録によるメリットは少ないと考えられてきたことを考えれば、その範囲が広がったとはいえすぐにドラスティックな変化が起こるかはわからない。しかし、改正博物館法では博物館が社会教育施設であることに加えて文化施設としての役割を担い、文化観光や地域の活力の向上に取り組むことが努力義務になった。博物館が社会から求められる役割の範囲は、法律の改正を待つまでもなく広がっている。そう考えると、企業博物館のある種の自由度は、博物館のありようを広げるひとつのモデルといえるのである。

　正直にいえば、この研究を始めた当初、私は企業博物館が公共性をもつ存在になるにはどうすればいいのかと考えていた。しかしそのイメージは調査を始めてすぐに消えていった。企業は公共性を目指して施設を作っているのではないということがはっきりわかったからだ。それなら企業博物館とはどういうものなのかをまず理解しなければならない。その始まりがこの研究だったのだ。私の願いを述べるとしたら、博物館機能をもつ企業のナレッジスペースはその数、内容ともに充実していってほしい、と思う。

　長崎を訪れた際、世界遺産になった小菅修船場跡に向かっていたときのことである。小菅修船場跡は市街から車で20分ほどの場所にある長崎湾の入

り江の一部にある。タクシーの運転手さんに「小菅修船場跡までお願いします」というと、「えっ?」と言って、そんな場所はあったかなあという顔をする。そんなはずはないと「こすげしゅうせんば、あと、です」とゆっくり繰り返すと、「あ、あー、ソロバンドックね」「そ、そうです、ソロバンドック」。「ソロバンドック」とは小菅修船場跡の通称で、地元で親しまれている呼び方である。その方は地元で育ったそうで、ソロバンドックは子どものころの遊び場だったという。「世界遺産になったって聞いたときにはびっくりしたよね。なんであんなところがって思ったよ。私が子どものころ、あそこはうっそうとして薄暗くて、よく肝試しなんかしたもんだ」。崖に囲まれた入江は地形そのものがドックに適していて、海は遠浅。陸からケーブルを引いて船を陸に引き揚げるには好都合な地形だ。海からは奥まった地形でちょっと薄暗く、夏の夜に沖や対岸の船の明かりを見ながら肝試しをすれば迫力満点だったことだろう。「それがいきなり世界遺産っていうんだからさ、そりゃ驚くよ」

「びっくり」「なんであんなところが」という言葉に、産業遺産がたどる現実が感じられる。産業技術の博物館が扱う資料は考古学や歴史を扱う博物館と異なり、土のなかから掘り出して、大切に扱いながら調査するものではない。使い終わり、捨てるでもなく置きっぱなしだったものたち。使用されなくなると輝きを失い、何もしなければ廃棄の道をたどるものたち。倉庫にある古い機械は、それを使っていた人にとっては愛着があり、産業の発展を支えてきた人にとっては大切に思うものかもしれない。だが、逆に近くにあったからこそ貴重であることに気づけない場合もあるのではないか。使用を終えても、ある程度の年数を経て歴史の流れのなかで評価しなければ、資料としての価値がわからないものもあるかもしれない。産業技術の資料は、スクラップになるか否かの寸前のところで、救出されたものである。それらが、歴史的に大切なものだと気づくには、時間と目利きと資金が必要だ。土のなかで何百年も経てきた遺跡にあって、産業遺産にないもの。それは時間なのかもしれない。遺跡は過去に捨てられたものかもしれないが、形が残ったものだけが、いま、私たちの前にその姿を見せてくれている。では鉄でできた機械は?　部品ごとに解体されてしまったら?

　日本に産業技術に特化した国立の博物館は存在しない。一時はその計画があったが、この事業は中止になっている。産業技術を扱う公立博物館は非常

に少なく、産業の幅広さをカバーできるものではない。ものの価値が定まるまでの間、それを誰がどのように保管し、評価するのだろうか。「過去の技術を学ぶことによって未来の技術が生まれる」。取材中何度も聞いた言葉だ。幸運にして残ったものだけではなく、産業遺産を「資料」とする道筋を作るのは急務だろう。高度経済成長の時代はすでに遠くなり、大量生産・大量消費をよしとする価値観は過去のものになった。成長を支えた人との交流が可能な時間も限られている。製造業の技術、人材のありようも転換期を迎えている。企業がもつ資源はますます貴重なものになっていくだろう。科学技術の記録をどう残すのか。ナレッジスペースが活用され、ここでたくさんの対話が起こり、人々が楽しみ、刺激を受け、多様な人々の糧になることを願いたい。

　　　　＊

　調査にあたってお忙しいなかにもかかわらず施設を案内してくださり、インタビューにお答えいただいた企業博物館のみなさま、詳細なアンケートに回答してくださったみなさま、研究にあたってさまざまな視点を提供してくださった研究者のみなさまにあらためてお礼を申し上げます。
　執筆にあたっては、細部にわたってアドバイスをくださった青弓社の矢野恵二さん、粘り強く推敲のアドバイスをくださった編集部の半澤泉さんに厚くお礼を申し上げます。

［著者略歴］
古田ゆかり（ふるた ゆかり）
1962年、神奈川県生まれ
北海道大学大学院文学研究科博士後期課程修了。博士（文学）
科学技術コミュニケーター、科学技術コミュニケーション・プロデューサー、サイエンスライター、元北海道大学科学技術コミュニケーション教育研究部門特任准教授
専攻は博物館学、科学技術コミュニケーション
学部で化学を専攻し、科学、環境に関する執筆活動をおこなう。科学技術コミュニケーション活動グループ・サイエンスカクテル主宰。科学と社会に関わるイベントや学習プログラムを実践。科学館での社会的な活動や提案をおこなう。技術の活用や理解促進をテーマに企業博物館を多数取材
著書に『環境スペシャリストになるには』（ぺりかん社）、共著に『おはようからおやすみまでの科学』（筑摩書房）、『日本 FOOD 紀』（ダイヤモンド社）など

企業博物館とは何か　歴史・役割・可能性

発行──────2023年5月11日　第1刷
定価──────2400円＋税
著者──────古田ゆかり
発行者─────矢野未知生
発行所─────株式会社青弓社
　　　　　　〒162-0801 東京都新宿区山吹町337
　　　　　　電話 03-3268-0381（代）
　　　　　　http://www.seikyusha.co.jp
印刷所─────三松堂
製本所─────三松堂
©Yukari Furuta, 2023
ISBN978-4-7872-0082-2　C0000

暮沢剛巳

ミュージアムの教科書

深化する博物館と美術館

国内外の重要なミュージアムをピックアップし、各館の歩みや社会的な役割を
解説。ミュージアムの思想や政治性、グローバリゼーションとの関わりを検証
して、メディアとしてのミュージアムの可能性を描き出す。　定価2400円＋税

広瀬浩二郎／相良啓子／岡本裕子／藤島美菜 ほか

ひとが優しい博物館

ユニバーサル・ミュージアムの新展開

視覚だけでなく五感を重視した美術館の鑑賞プログラムや展示、さわるワーク
ショップの実例、観光やまちづくりに役立つユニバーサル・デザインのあり方
を、多様な現場の人々が力強いメッセージを込めて報告する。定価2000円＋税

永田治樹

公共図書館を育てる

国内外の事例を紹介して公共図書館の制度と経営のあり方を問い直し、AI を
使った所蔵資料の管理や利用者誘導、オープンライブラリーの取り組みなど、
デジタル時代の図書館を構築するヒントに満ちた実践ガイド。定価2600円＋税

暮沢剛巳／江藤光紀／鯖江秀樹／寺本敬子

幻の万博

紀元二千六百年をめぐる博覧会のポリティクス

1940年、東京オリンピックと同時開催で総合芸術の一大イベントをもくろんだ
紀元二千六百年記念万国博覧会。その内実を多様な資料から掘り起こし、戦争
と緊密な関係性にあった「幻の芸術の祭典」の実態に迫る。　定価3000円＋税

難波祐子

現代美術キュレーター・ハンドブック

魅力的な展覧会を企画して、時代の新たな感性を提案するキュレーターという
職業の醍醐味を紹介しながら、仕事の実際の姿を実務的な展覧会の企画から実
施までの流れに沿って具体的に解説する充実の手引書。　　定価2000円＋税